Dr. Ulrich G. Strunz

VON NORMAL ZU GENIAL

In drei Schritten zum konsequenten Handeln

Impressum

Originalausgabe
© 2021 by Ariston Verlag, München
in der Penguin Random House Verlagsgruppe GmbH
Neumarkter Straße 28, 81673 München

Bibliografische Information der Deutschen Bibliothek
Die Deutsche Bibliothek verzeichnet diese Publikation
in der Deutschen Nationalbibliografie; detaillierte bibliografische Daten sind im
Internet unter www.dnb.de abrufbar.

Redaktion: Christoph Taschner, Ernst Dahlke
Coverdesign: Eisele Grafik-Design, München; Foto: Kay Blaschke
Layout/Satz: Buch-Werkstatt GmbH, Bad Aibling
Grafiken: Buch-Werkstatt GmbH, Bad Aibling
Druck und Bindung: CPI books GmbH, Leck

Printed in the Czech Republic

MIX
Papier aus verantwor-
tungsvollen Quellen
FSC® C083411
FSC www.fsc.org

Penguin Random House Verlagsgruppe FSC®-N001967

ISBN: 978-3-424-20244-1

Danksagung

Mein besonderer Dank gilt Dr. Kristina Jacoby für ihre großartige Unterstützung.

Haftungsausschluss

Dr. Ulrich G. Strunz

VON NORMAL ZU GENIAL

Die KRAFT DER GEDANKEN entdecken

In drei Schritten zum konsequenten Handeln

ARISTON

Inhalt

Das ist genial

Was ist der Unterschied zwischen Genies wie Wolfgang Amadeus Mozart, Charles Babbage, Nikola Tesla, Albert Einstein und Genies der heutigen Zeit?

Milliarden. Und zwar Abermilliarden Menschen.

Bei der Geburt von Wolfgang Amadeus Mozart, 1756, gab es auf der gesamten Erde gerade einmal 790 Millionen Menschen. So viele teilen sich heute Europa.

1955, im Todesjahr Albert Einsteins, bevölkerten bereits dreimal so viele Menschen den Globus: 2,7 Milliarden. So viele teilen sich heute China und Indien. Heute, im Jahr 2020, leben 7,7 Milliarden Menschen auf der Erde. Ein Unterschied von 5 Milliarden, seit der Zeit Albert Einsteins. Nach nur 65 Jahren gibt es so viele Menschen mehr, wie heute in den USA und auf dem gesamten Kontinent Asiens leben.

Das Heute ist voller Möglichkeiten

Ein unvorstellbar schnelles und gewaltiges Wachstum. Das Internet ermöglicht es uns nun, Informationen, Meinungen und Emotionen von Milliarden Menschen zu verknüpfen, für jeden Einzelnen gangbar zu machen. Wir öffnen die Tore des menschlichen Intellekts weit.

Bedenkt man, wie vielfältig jeder einzelne Mensch ist, wie unglaublich komplex und vielfältig die Meinung, die Bedürfnisse und Ansichten eines einzelnen Menschen sein können, so kann man sich kaum ausmalen, wie unendlich groß und gewaltig das Kaleidoskop des menschlichen Genies sein muss. Nun auch noch verknüpft mit Systemen der künstlichen Intelligenz. Gefüttert von kleinen schwarzen Kästen, die wir alle stolz bei uns tragen. Die Smartphones.

Dieses Netzwerk aus Kreativität gleicht einem modernen Titanen. Einem Riesen in Menschengestalt.

Und dennoch gibt es in diesem enormen und wundersamen Netzwerk aus Experten, Wissenschaftlern, Erfindern und Künstlern immer Einzelne, die herausragen.

Es gibt immer Einzelne, die diesen Titanen überwältigen können. Es scheint, als ob das menschliche Genie keine Grenzen kennt. Und dass jeder Mensch das Potenzial in sich trägt, das Geniale in sich freizusetzen und dem schier unendlich großen, immerzu wachsenden Netzwerk aus Wundern übergeben zu können.

Jeder Mensch trägt das Genie in sich

Davon bin nicht nur ich persönlich überzeugt, sondern auch der Harvard-Absolvent Geoffrey Colvin. In seinem Buch »Menschen sind unterschätzt« erklärt er, warum menschliche Fähigkeiten niemals von automatisierten Maschinen ersetzt werden können. Im Gegenteil, die Fähigkeiten des Menschen, sein Genie, wird sogar an Bedeutung gewinnen.

Es gibt sie also, die herausragenden Menschen. Auch heute gibt es unter uns Geniales und Genies. Die jetzt so viele, unvorstellbar viel mehr Menschen erreichen können. Mit einem kleinen Mausklick, mit einer fast unscheinbaren Fingerbewegung können wir die Gedanken und Ideen eines einzelnen Menschen erkennen.

Eine kleine Bewegung kann das Leben von Milliarden Menschen ändern. Durch das Genie eines Einzelnen oder von vielen. Alles scheint möglich zu sein.

Eine Welt, wie sie sich selbst die größten Feldherren Roms niemals hätten vorstellen können. Mit welcher Leichtigkeit und Selbstverständlichkeit die Kreativität die Welt erobern kann.

Gut zu wissen: Jeder kann es haben

In der heutigen Zeit sind wir via Internet an den weltweiten Wissenspool angeschlossen. Das Wissen ist da. Man muss aber auch wissen, wie man an die wichtigen, die genialen Informationen kommt. Daher sollte man immer nachforschen: Wer sind die Autoren der Texte oder Videos? In welchen Medien veröffentlichen sie sonst noch? Mit welchen anderen Personen stehen sie in Kontakt?

Was Genies anders machen

Doch wo sind diese Genies? Welche Menschen fallen uns im Alltag auf? Was macht diese Menschen aus und wie kann man sein inneres Genie aufwecken?

Es gibt sie, die fast immer gut gelaunt sind, die ihre Ziele erreichen, die sich von Herausforderungen motivieren und nicht bremsen lassen. Frauen und Männer, die täglich liebevoll mit ihrer Familie und Freunden umgehen, die enthusiastisch ihre Aufgaben erledigen und obendrein nicht einmal gestresst sind. Lebensgenies! Wer will das nicht?

Diese Menschen denken und handeln anders als die meisten, als die Normalen. Sie haben klare Ziele und arbeiten auf sie zu. Sie lassen sich nicht von Lust und Unlust leiten, sie tun, was zu tun ist. Vor allem haben sie sich automatische Handlungen antrainiert, mit denen sie Schritt für Schritt ihre Ziele erreichen. Andere – normale – Menschen sabotieren ihre Ziele mit ihren automatischen Handlungen selbst. Der Automatismus ist das Entscheidende, denn er bestimmt zum Großteil darüber, was man tut und was nicht.

Auf den Punkt gebracht:
Genies handeln zielführend

Das tägliche Handeln wird zum Großteil von automatischen Entscheidungen bestimmt. Genies haben Automatismen, die zu ihren Zielen passen.

Die Macht des Unbewussten

Bevor ich zeige, wie sich das Denken und Handeln der Genies von dem der Normalen unterscheidet, werde ich kurz erklären, wie ein jeder zu seiner gegenwärtigen Lebenssituation überhaupt gekommen ist.

Die momentane Lebenssituation ist vor allem das Ergebnis unzähliger einzelner Entscheidungen und Handlungen. Somit prägen nicht äußere Umstände das Leben, sondern man selbst. Dummerweise treffen wir die meisten Entscheidungen automatisch.[1] Jeden Tag begegnen uns Situationen, auf die wir reagieren müssen. Oft denken wir nicht darüber nach, wie wir am besten handeln sollten. Wir handeln, wie wir es zuvor bei ähnlichen Ereignissen getan haben. Das spart Energie. Evolutionsbiologen gehen davon aus, dass dies für die Entwicklung des Menschen vorteilhaft war. Die Energieeinsparung birgt jedoch auch mehrere Probleme: Einige dieser Handlungen übernehmen wir von unseren Eltern und anderen Personen, die uns beeinflussen. Wenn diese beispielsweise auf angsteinflößende Situationen mit Panik reagiert haben, dann ist die Wahrscheinlichkeit groß, dass wir dieses Verhalten unbewusst übernehmen. Ein weiteres Problem besteht darin, dass wir uns selbst im Laufe des Lebens Reaktionen antrainieren, die nicht zielführend sind. Dass wir beispielsweise ärgerlich werden, wenn sich jemand nicht so verhält, wie wir es uns wünschen. Diese Reaktion wiederholen wir dann immer wieder automatisch. Wir sparen damit zwar Energie, weil wir uns nicht jedes Mal aufs Neue überlegen müssen, ob wir ärgerlich werden sollen, aber glücklich werden wir dadurch nicht. Sogar das Gegenteil kann eintreten, der Frust nimmt zu. Mit fortschreitendem Alter und dem Wiederholen gleicher Reaktionen gräbt sich der Automatismus immer tiefer ins Gehirn ein. Diese automatischen Reaktionen prägen dann das Leben.

Gut zu wissen: Man handelt meist automatisch

Nach dem Modell des Wissenschaftlers Ezequiel Morsella bereitet das Gehirn jede Entscheidung akribisch vor, nur bekommt man es nicht mit. Morsella und seine Kollegen entwickelten die »Passive Frame Theory«, zu Deutsch: die Theorie des passiven Festlegens. Was der Mensch mitbekommt, ist das Ergebnis. Es taucht in der bewussten Wahrnehmung auf. Trotz allem fühlt es sich so an, als ob man eine Entscheidung bewusst getroffen hätte.[2]

Automatische Handlungen entscheiden über Erfolg und Misserfolg

Weil man meistens automatisch handelt, ist es nicht verwunderlich, wenn viele Menschen denken, es waren äußere Umstände, die ihr Leben geformt hätten und nicht sie selbst. Denn sie haben ihren Automatismus nicht bewusst wahrgenommen, das liegt in der Natur der Sache. Doch es sind nicht die äußeren Umstände, es sind die Automatismen, mit denen man auf äußere Umstände reagiert, die das Leben prägen. Würden zwei Menschen mit identischen Umständen konfrontiert werden, jedoch komplett andere Automatismen besitzen, würde ihr Leben extrem unterschiedlich verlaufen.

Selbst Unfälle und Schicksalsschläge oder außergewöhnliche positive Ereignisse wie große Erbschaften formen letztlich nicht unser Leben. Wiederum sind es unsere Automatismen, mit denen wir auf die Ereignisse reagieren. Daher wachsen einige Menschen in ihrer Persönlichkeit nach Schicksalsschlägen, und andere verfallen in eine Depression.

Die Wissenschaft hinter der Entscheidung

Ich habe meine Doktorarbeit über Entscheidungen geschrieben. Entscheidungsfindung ist eines der zentralen Forschungsfelder der Verhaltensökonomie. Den Wissenschaftlern ist klar, Entscheidungen werden nicht rational getroffen. Daher untersuchen sie das Auftreten und die Auswirkungen unbewusster Entscheidungen. Im vorliegenden Buch lasse ich die wissenschaftlichen Diskussionen zum Großteil außen vor. Mich interessierte vor allem, wie wir automatisches Handeln überwinden können. Meditation ist hier äußerst hilfreich, das erlebe ich täglich aufs Neue. Denn zum Glück sind wir unseren Automatismen nicht auf ewig ausgeliefert. Wir können sie uns bewusst machen und dann verändern. Diese Fähigkeit unterscheidet den Genialen von dem Normalen. Ich werde zeigen, wie das funktioniert.

Warum man ärgerlich wird, obwohl man Frieden mag

Unbewusste Entscheidungen basieren unter anderem auf unbewussten und automatischen Gedanken.[3] Sie sind Ursachen vielen Übels. Denn die Gedanken sind nicht nur unbewusst, sie sind auch noch äußerst repetitiv. Über Jahre und Jahrzehnte denken wir immer wieder das Gleiche, in leicht abgewandelten Formen. Beispielsweise kritisieren wir innerlich uns selbst und andere Menschen. Oder die Gedanken drehen sich – ohne dass wir es bemerken – um Dinge, die wir nicht mögen wie Nachbarn, Erkrankungen oder den Hausputz. Beim Autofahren sind unsere Gedanken damit beschäftigt, den Fahrstil anderer zu kritisieren. Tagein, tagaus drehen sich unsere Gedanken um solche oder ähnliche Themen, und wir bekommen es größtenteils nicht mit. Unsere Eigenwahrnehmung beginnt oft erst, wenn wir plötzlich hupen und eine wildfremde Person wegen ihres vermeintlichen Fahrfehlers beschimpfen, obwohl die es durch das geschlossene Fenster nicht einmal hören kann. So etwas passiert, selbst wenn wir uns für einen friedliebenden Menschen halten.

Oder wir denken, ohne es zu bemerken, über Momente nach, in denen wir uns wohlfühlen. Und plötzlich sitzen wir auf dem Sofa, streamen per Netflix einen Film, trinken Bier und essen Chips. Obwohl wir uns vorgenommen hatten, unseren Lebensstil zu ändern und genau das nicht mehr zu tun.

Unbewusste Gedanken führen zu unbewussten Entscheidungen und oft sogar zu unbewussten Handlungen. Wir leben wie automatisch funktionierende Maschinen. So formt sich unser Leben, wenn wir nicht aufpassen. Dann sitzen wir in dem Schlamassel, sind vielleicht übergewichtig oder üben einen Beruf aus, den wir gar nicht mögen. Sind eventuell mit einer Partnerin verheiratet, die mehr der eigenen Mutter ähnelt als unserem Idealbild einer inspirierenden Frau.

Genie sein beginnt mit einem Geständnis

Es ist nicht für jeden leicht, sich einzugestehen, dass sein Leben das Resultat der eigenen Handlungen ist. Daher ist es kein Wunder, dass viele lieber den äußeren Umständen die Verantwortung für ihr Leben geben wollen. Solange man jedoch äußere Umstände für den Grund des Schlamassels oder der Unzufriedenheit hält, ändert man nichts. Denn äußere Umstände kann man nicht ändern, sie liegen außerhalb des eigenen Einflussbereiches. Man wiederholt Tag um Tag die unbewussten Gedanken, entscheidet unbewusst und handelt automatisch, und nichts ändert sich. Oder einem ist zwar bereits klar, dass Schlamassel und Unzufriedenheit das Ergebnis der eigenen Handlungen sind, aber man hat noch nicht gelernt, die automatischen Entscheidungen zu verändern.

Auf den Punkt gebracht:

Genies übernehmen Eigenverantwortung für ihr Leben. Wenn etwas nicht passt, ändern sie es ohne Wenn und Aber.

Wenn ich mich umschaue, sehe ich viele, die mit ihrem Leben unzufrieden sind und denken, das ist normal. Sie sagen sich, »das Leben ist kein Ponyhof«, und akzeptieren ihre Unzufriedenheit. Das muss nicht sein! Deshalb habe ich eine Methode entwickelt, mit der man sich in drei Schritten von normal zu genial entwickeln kann. Sie hilft, die richtigen Ziele zu finden und diese zu erreichen. Das erhöht die Lebensenergie und lässt uns zufrieden sein, unabhängig von den Herausforderungen, die zu meistern sind.

Ich bin von Haus aus Verhaltensökonom. Und so denke ich. Für die Verhaltensökonomen ist der Mensch keine Maschine, die rational entscheidet und nach Gewinn strebt, wie es in wirtschaftswissenschaftlichen Modellen häufig dargestellt wird. Verhaltensökonomen betrachten den Menschen wie er ist. Sie beziehen Wünsche nach Glück und Erfolg mit ein sowie die vielen Automatismen, die das tägliche Handeln bestimmen.

Bei der Entwicklung meiner Methode habe ich mich an der Vorgehensweise von Business Coaches orientiert. Sie zeigen ihren Klienten häufig, wie sich eine geniale Firma von einer normalen unterscheidet. Dann entwickeln sie mit ihren Klienten Visionen und lehren Methoden, mit denen die Visionen in die Tat umgesetzt werden können.

Von normal zu genial in drei Schritten:

Die Methode ist einfach, lediglich drei Schritte, die schnell zu merken sind. Die Methode ist effizient, wenn man sie jeden Tag, am besten bei jeder Entscheidung, anwendet.

1. Analysieren

Am Anfang stehen Fragen: Was läuft schief? Warum erreicht man seine Ziele nicht oder hat vielleicht nicht einmal welche! Meistens sind es automatische Entscheidungen und Handlungen, die einen fesseln. Ich werde zeigen, wie und warum Automatismen entstehen.

Außerdem werde ich zeigen, wie man seine Werte mit seinem momentanen Leben vergleicht. Werte sind die Dinge im Leben, die einem wichtig sind, wie z. B. Frieden, Gesundheit oder Erfolg. Werte sind das Ergebnis bewussten Nachdenkens. Die gegenwärtige Lebenssituation eines jeden ist hingegen geprägt von automatischen Entscheidungen und Handlungen. In den Bereichen, in denen man nicht entsprechend seiner Werte handelt, haben automatische Entscheidungen und Handlungen das Sagen. Wer sich von normal zu genial entwickelt, lässt sich nicht mehr von hinderlichen Automatismen lenken, sondern handelt konsequent. Damit dies allerdings möglich wird, besteht der erste Schritt im Erkennen dieser Automatismen. Wenn man weiß, wo das Problem liegt, kann man es lösen.

2. Visionieren

Im darauffolgenden Schritt zeige ich, wie man eine Vision seines Wunschlebens entwickelt. Denn um konsequent entscheiden und handeln zu können, sind Ziele Voraussetzung. Ohne Ziele hat man keine Richtschnur, anhand deren man überprüfen kann, ob Entscheidungen und Handlungen konsequent sind oder nicht. Doch allein mit einer Vision des Wunschlebens ist es nicht getan. Es müssen auch möglichst viele Einzelschritte zum Erreichen der Vision gefunden werden. Weil jeder in seinem Leben mit großen Herausforderungen, wie etwa dem Tod von nahestehenden Menschen oder mit anderen Verlusten konfrontiert wird, musst eine Vision, die langfristig zum Glück führt, diese Aufgaben mit einbeziehen.

3. Mit Meditation und Achtsamkeit konsequent handeln

Meditation und Achtsamkeit verändern das Bewusstsein. Entscheidungen und Handlungen, die zuvor automatisch stattgefunden haben, werden erkennbar. Dadurch entstehen neue Möglichkeiten, man durchbricht den Automatismus und entscheidet sich bewusst. Handlungen sind dann konsequent auf Ziele ausgerichtet. Wenn man das häufig wiederholt, entstehen neue Automatismen, die allerdings dann den eigenen Werten und Zielen entsprechen. Man hat es geschafft, man hat sich von normal zu genial entwickelt!

1. Analysieren

Die Analyse der eigenen Situation ist der erste Schritt zur Transformation des Lebens von normal zu genial. Denn solange man nicht weiß, wo der Fehler liegt, ist es unmöglich, den Fehler zu beheben. Viele Menschen sind unglücklich, leiden an Krankheiten, haben Streitereien in der Familie, im Freundeskreis oder mit der Nachbarschaft, fühlen sich in ihrer beruflichen Aufgabe nicht erfüllt, sind chronisch gestresst oder haben finanzielle Probleme. An einem oder mehreren dieser Probleme zu leiden wird als normal angesehen.

Da stellt sich die Frage, ob man zu diesen Normalen gehören möchte. Denn es gibt auch Menschen, die anders leben. Die ein glückliches Familienleben führen, die beruflich zufrieden sind, die sich Ziele setzten und diese erreichten. Das sind die Genialen. Wer zu ihnen gehören möchte, sollte sich zunächst selbst analysieren, um die automatischen Entscheidungen und Handlungen zu erkennen, die einen bislang im normalen Leben gefangen halten. Hierzu werde ich zeigen, welche wertvollen Erkenntnisse man aus der Diskrepanz zwischen persönlichen Werten und dem täglichen Leben ziehen kann. Als Nächstes werde ich einige Automatismen beschreiben. Vielleicht erkennt sich der eine oder andere in einigen davon wieder. Das hilft ebenfalls, Automatismen im täglichen Leben zu erkennen. Das ist der erste Schritt zur Veränderung. Es ist eine Fehleranalyse des eigenen Lebens.

Werte als Wegweiser

Jeder Mensch verfolgt individuelle Wertvorstellungen. Die meisten Menschen schätzen Frieden, Gesundheit und Gerechtigkeit. Doch fast keiner lebt seine Werte zu hundert Prozent – geniale Menschen leben sie jedoch mehr als die normalen! Es ist nicht verwunderlich, dass so viele Menschen es nicht schaffen, ihre Werte zu leben, denn Werte basieren auf bewusstem Nachdenken, tägliche Handlungen hingegen verlaufen größtenteils automatisch.

Das ist nicht nur im Privaten so, auch Firmen unterliegen dem Problem. Daher beschreiben Manager in Führungskräfteseminaren häufig die Wertvorstellungen ihres Unternehmens. Dabei geht es um Qualität, Mitarbeiterführung oder um Transparenz bei der Herstellung der Produkte. Geschäftsführer wie Mitarbeiter können daraufhin den Ist-Zustand des Unternehmens mit dessen Wertvorstellungen vergleichen. Dabei werden sie in einigen Bereichen auf Diskrepanzen stoßen. Im Idealfall werden diese Missstände Zug um Zug beseitigt. Im Folgenden zeige ich, wie man diese Vorgehensweise nutzen kann, um automatische Entscheidungen und Handlungen im persönlichen Leben aufzuspüren.

Auf den Punkt gebracht: Genies leben ihre Werte

Genies haben klare Wertvorstellungen und handeln täglich dementsprechend.

Werte haben ist normal, Werte leben ist genial

Mit der Diskrepanz zwischen individuellen Werten und dem tatsächlichen Verhalten beschäftigen sich etliche Philosophen. Lange Zeit sind sie davon ausgegangen, dass individuelle Werte über das Verhalten entscheiden. Nach diesem Konzept würden Personen, die beispielsweise der Menschenwürde nur wenig Wert zurechnen, eher gewalttätig werden als jene, die der Menschenwürde einen hohen Stellenwert geben. Neue neurowissenschaftliche Untersuchungen zeigen jedoch deutlich: So einfach ist das nicht! Die meisten Handlungen werden automatisch gesteuert und können somit den persönlichen Wertvorstellungen widersprechen.[4] Jemand, dem Frieden sehr wichtig ist, kann sich durch eine Äußerung emotional so verletzt fühlen, dass er, ohne überlegen zu können, zuschlägt. So etwas passiert tatsächlich. In vielen Fällen ist es das Automatische, was uns handeln lässt, und nicht das Bewusste, auf dem unsere Werte beruhen. Diese Tatsache birgt eine Chance. Denn wenn wir uns unserer Werte bewusst werden und sie mit unserer gegenwärtigen Lebenssituation vergleichen, erkennen wir, in welchen Situationen wir automatisch handeln. Geniale Menschen haben im Zuge ihres Lebens ihre automatischen Handlungen in der Form verändert, dass sie zu ihren Werten und Zielen passen.

Die Macht der mentalen Routine

Doch wie entstehen automatische Gedanken und Entscheidungen überhaupt? Und warum merkt man nicht einmal, dass man automatisch handelt?

Die meisten automatischen Entscheidungen und Handlungen fühlen sich richtig an. Nicht weil sie richtig sind, denn sie können durchaus individuellen Werten widersprechen, sondern weil man sie bereits zigtausendfach wiederholt hat. Sie fühlen sich normal an, das ist die Macht der Gewohnheit. Beispielsweise kann es sich richtig anfühlen, immer die billigste Milch zu kaufen, obwohl einem das Tierwohl am Herzen liegt und man weiß, dass billige Milch von Kühen aus Massentierhaltung stammt, die täglich große Qualen erleiden müssen. Die Entscheidung für die billige Milch fühlt sich trotzdem richtig an, weil man sie tausendfach vorher genau so getroffen hat. Diese und andere Automatismen eignet man sich im Zuge des Lebens an. Viele übernimmt man von den Eltern oder von anderen Menschen, die einen prägen, oder auch aus den Medien.

Eigentlich ist dieser Automatismus hilfreich, denn er lässt einen schnell entscheiden und handeln. Hinderlich ist er aber, wenn er nicht zu den gesetzten Zielen führt. Dann hat man ein Problem. Man weiß zwar, wo man hinwill, doch die tatsächlichen Handlungen lassen einen auf der Stelle treten oder führen sogar vom Ziel weg. Da die Handlungen automatisch sind, kann man sich zudem oft nicht einmal erklären, warum man seine Ziele nicht erreicht.

Was das Familienleben über einen verrät

Nehmen wir Frieden noch einmal als Beispiel. Er fängt bereits im Familienleben an. Aber je nachdem, welche Muster und Überzeugungen im Automatischen schlummern, ist es nicht einfach, Frieden täglich zu leben. Wer sich beispielsweise häufig selbst kritisiert, der kann leicht explodieren, wenn Kritik vom Partner oder der Partnerin kommt. Und sei es nur, dass der andere anmerkt, man solle sein Geschirr in die Spülmaschine räumen. Plötzlich ist der Streit da, obwohl einem Frieden so wichtig ist. Wer in solch einem Moment zumindest realisiert, dass automatische Gedanken zur emotionalen Explosion geführt haben, der kann früher wieder innehalten. Der gibt auch nicht der Partnerin oder dem Partner die Schuld für die Explosion, sondern weiß, dass seine eigenen Automatismen der wirkliche Grund für den Streit sind.

Gut zu wissen: Ärger ist immer selbst gemacht

Laut Prof. Dr. Jeffrey Nevid von der St. John's University in New York kann einen niemand anderes verärgern, außer man selbst, indem man Ärger zulässt. Ärgerlich wird man nur, wenn man einen ärgerlichen inneren Dialog mit sich selbst führt. Doch was man sich selbst sagt, kann man trainieren.[5]

Gesund leben

Die Diskrepanz zwischen dem Wert, dem Gesundheit häufig zugesprochen wird, und dem täglichen Handeln ist bei vielen Menschen dramatisch. Wer will schon krank sein? Niemand! Viele wissen zudem, dass Zucker, Zigaretten, Alkohol und Übergewicht ungesund sind. Viele wissen ebenso, dass Sport und Gemüse die Gesundheit fördern. Und trotzdem verhalten sich nur sehr wenige danach. Denn die Entscheidungen darüber, was man isst und trinkt, ob man Sport treibt oder nicht, sind meistens automatisch. Wie man handelt, hat wenig damit zu tun, was man für richtig oder falsch hält, sondern damit, welche Handlungen man sich über Jahrzehnte antrainiert hat.

Werte-Analyse

Um herauszufinden, in welchen Lebensbereichen automatische Gedanken und Muster ihr Unwesen treiben, kann man daher seine Werte aufschreiben. Wie wichtig sind einem beispielsweise Familie und Gesundheit, welchen Stellenwert soll Geld einnehmen, wie steht man zu Gerechtigkeit und Umweltschutz und vieles mehr? Im nächsten Schritt kann man seine täglichen Handlungen mit seinen Werten vergleichen. In den Bereichen, in denen Diskrepanzen zwischen den bewusst formulierten Werten und den täglichen Handlungen vorliegen, unterliegt man automatischen Entscheidungen und Handlungen. Sind einem beispielsweise Familie und Gesundheit sehr wichtig, aber man arbeitet 50 Stunden pro Woche und ist ständig gestresst, kann das keine bewusste Entscheidung sein. Das Verhalten beruht sehr wahrscheinlich auf automatischen Gedanken und Überzeugungen. Solange man diese nicht erkennt, ist es äußerst schwierig, sein Verhalten zu ändern. Wenn man sich jedoch erst der automatischen Gedanken bewusst wird und sie dann umprogrammiert, sind Verhaltensänderungen realistisch. Dann wird alles möglich, was man sich wünscht! Ich werde zeigen, wie das geht.

Praxis: Automatische Handlungen erkennen

Man formuliere seine Werte schriftlich:

- Welche Qualitäten wie beispielsweise Ehrlichkeit, Zuverlässigkeit, Selbstdisziplin, Erfolg, Fleiß usw. sind erstrebenswert?
- Welchen Wert nimmt Familie ein und wie möchte man sich in seinem engeren und weiteren Familienkreis engagieren?
- Wie wichtig sind Frieden, Freiheit, Loyalität und Toleranz? Wie möchte man diese Werte in seinem Leben zum Ausdruck bringen?
- Wie und womit möchte man sein Geld verdienen?
- Welchen Stellenwert hat Gesundheit?
- Wie sieht ein gesundes Wohnumfeld aus?
- Wie wichtig sind Nachhaltigkeit und Umweltschutz?
- Welche Freunde möchte man haben und wie soll der Kontakt zu ihnen sein?
- Womit möchte man seine Freizeit verbringen?
- Welche gesellschaftspolitischen Themen sind wichtig? Wie soll sich das im Leben zeigen?
- Möchte man sich in seiner Freizeit für etwas engagieren, wenn ja, für was?
- Wie wichtig sind Kunst und Kultur?
- Welche weiteren Aspekte fallen einem ein, die man für sein Leben für wichtig hält?

Nachdem man seine Werte ausformuliert hat, sollte man überlegen, wie man sich täglich verhalten müsste, damit man den eigenen Werten gerecht wird.

Dann vergleiche man das Ergebnis mit seinen derzeitigen täglichen Handlungen.

Diskrepanzen zwischen den eigenen Werten und dem täglichen Leben deuten auf automatische Entscheidungen und Handlungen hin.

So zeigen sich automatische Handlungen

Als Nächstes beschreibe ich einige typische Automatismen. Ich bin auf sie gestoßen, indem ich Menschen in meiner Umgebung beobachtet habe. Aber auch in den Medien oder in unserer Gesellschaft erkenne ich Verhaltensweisen, die ich mir nur mit automatischen Gedanken und Entscheidungen erklären kann. Einige Automatismen kenne ich auch aus meiner eigenen Erfahrung.

Keine Ziele haben

Meine Generation, die Millennials, soll besonders ziellos sein. Das wird zumindest immer wieder behauptet. Ob das stimmt, kann ich nicht beurteilen. Ich kenne in meinem Freundeskreis beides, extrem zielstrebige und die ohne Ziele, zu denen ich selbst lange gehörte. Wobei sich mir immer wieder die Frage stellt, was erstrebenswerte Ziele sind. Es gibt genügend Menschen, die alles erreicht haben, wovon viele träumen, und trotzdem todunglücklich sind. Zum Beispiel der Schauspieler Robin Williams, er hat sich sogar das Leben genommen. Ich sehe innere Zufriedenheit als eines der höchsten Ziele an.

Gut zu wissen: Ziele machen glücklich

In Deutschland läuft seit 1984 eine der weltweit größten und längsten Studien zur Lebensführung. Hierzu werden jährlich 30 000 Personen interviewt. Neben vielen anderen Erkenntnissen zeigt sich deutlich, dass Menschen mit Zielen hinsichtlich Beruf, Familienleben, sozialem Engagement und auch materiellen Gütern glücklicher sind als jene, die keine klaren Ziele verfolgen.[6]

Ziele zu haben ist äußerst wertvoll. Es kann jedoch passieren, dass es einem überhaupt nicht auffällt, dass man keine Ziele hat. Insbesondere, wenn Freunde und Arbeitskollegen ebenso nur auf den nächsten

Abend im Klub, den nächsten Urlaub oder das nächste Online-Gaming-Event hineifern. Doch ein zielloses Leben ist unbefriedigend. So habe ich es zumindest erlebt, und so höre ich es immer wieder auch von anderen.

Auf den Punkt gebracht: Genies haben Ziele

Genies haben klare Ziele, die sie verfolgen. Die Ziele machen glücklich. Fehlende Ziele können hingegen zu latenter Unzufriedenheit führen.

Aus Ideen werden Ziele

Neues zu erschaffen muss in der Natur der Menschheit liegen. Warum sonst haben Menschen vor Millionen von Jahren Bilder an Höhlenwände gemalt und Werkzeuge hergestellt? Warum sonst haben Menschen vor Tausenden von Jahren Pyramiden gebaut und warum sonst erfinden Menschen heute neue Computerprogramme und Kommunikationstechniken? Neues materialisiert sich jedoch nicht von allein. Bevor das Bild an der Höhlenwand entstanden ist, bevor die Pyramiden gebaut wurden und bevor die neuen Games programmiert sind, entstehen Ideen. Ideen werden dann zu Zielen. Daraus ergeben sich die Handlungen, die zum Ziel führen. Ohne Ziele ist es daher unmöglich, zielgerichtet zu handeln.

Dabei müssen es nicht immer große Ziele sein, sondern einfach nur Ziele, die erreichbar sind. Es gibt sogar Ziele, die von außen nicht einmal sichtbar sind, die aber das Leben wesentlich glücklicher machen. Beispielsweise kann man sich zum Ziel setzen, immer häufiger den gegenwärtigen Moment mit allen Sinnen wahrnehmen zu können, ohne ihn als gut oder schlecht zu bewerten. Das ist eine typische Achtsamkeitsmeditation, die auf Dauer wirklich zu Zufriedenheit führt. Im vierten Kapitel werde ich darauf näher eingehen. Oder man kann sich zum Ziel setzen, sollte man im weit fortgeschrittenen Seniorenalter sein, innerlich vom Leben Abschied zu nehmen, um in Frieden sterben zu können.

Wer keine Ziele hat und gleichzeitig mit seinem Leben unzufrieden ist, der wird von seinen automatischen Entscheidungen und Handlungen in der Ziellosigkeit gehalten. Denn wenn man bewusst über eine unbefriedigende Situation nachdenkt, ist es logisch, dass man etwas ändern muss. Den meisten wird in so einer Situation sogar klar sein, was sie tun könnten, um sie zu ändern. Sollte man tatsächlich keine Idee haben, kann man Freunde oder Familienmitglieder um Rat fragen. Denen fällt bestimmt etwas ein. Wer es etwas professioneller und weniger persönlich mag, der kann sich auch Unterstützung bei einem Coach oder Therapeuten suchen. Wer jedoch nicht einmal in der Lage ist, darüber nachzudenken, welche Ziele der Unzufriedenheit ein Ende setzen könnten, dem stehen meistens Ängste im Weg. Folgende Ängste sind weitverbreitet:

Angst vor Bewertung

Menschen sind wahre Meister der Imagination. Es kann passieren, dass man sich gedanklich mit einem Ziel beschäftigt, doch anstatt Pläne zu schmieden, stellt man sich vor, was andere von dem Ziel halten. Man stellt sich vor, wie beispielsweise ein Kollege die Idee für unrealistisch oder nicht zeitgemäß hält. In der Fantasie berichtet man Freunden von der Idee, die daraufhin Bedenken hinsichtlich fehlender Kompetenzen äußern. Wie gesagt, nichts davon passiert real, sondern alles nur in der Vorstellung. Bevor man den ersten Schritt zur Realisation der Idee beschreitet, lässt man zig unangenehme Bewertungen auf sich niederprasseln. Oder man stellt sich vor, dass man sein Ziel tatsächlich erreicht, aber Familienmitglieder es als unpassend bewerten. Das sind nur einige Beispiele unendlicher Möglichkeiten, wie sich Angst vor Bewertung zeigen kann. Jedenfalls ist es schwierig, sich Ziele zu setzen und auf sie hinzuarbeiten, wenn sich solche oder ähnliche Gedanken im Gehirn festgesetzt haben.

Angst vor dem Unbekannten

Jedes neue Ziel bringt Unbekanntes mit sich. Einigen macht das große Angst, obwohl sie nicht einmal beschreiben können, was genau das Gefährliche ist. Automatische Gedanken drehen sich dann immer wieder um Gefahren, anstatt realistische Pläne zu schmieden. Das Gefühl der Gefahr kann sogar so groß sein, dass sie gar nicht mehr in der Lage sind, sich klare Ziele zu setzen. Auch Überlegungen, wie sie ihr Ziel erreichen könnten, werden schwierig. Das ist eine typische Reaktion des Gehirns, wenn die Angst zu groß ist. Es schaltet in einen Angriffs- oder Fluchtmodus um. Komplexe Probleme zu lösen wird dann fast unmöglich.[7]

Unbekanntes ist tückisch, keine Frage, denn man weiß nie, was passieren wird. Aber wenn man das Leben ehrlich betrachtet, muss man sich eingestehen, dass man von Sekunde zu Sekunde ins Unbekannte schlittert. Immer kann etwas passieren, womit man überhaupt nicht gerechnet hat. Wirkliche Sicherheit gibt es nie.

Angst zu versagen

Viele machen in ihrer Kindheit und Jugend die Erfahrung zu versagen: in der Schule, im Sportverein, im Musikunterricht, in der Familie oder auch im Freundeskreis. Es kann passieren, dass man das Gefühl, versagt zu haben, nicht nur auf die Situation bezieht, in der die erbrachte Leistung nicht den Anforderungen entsprochen hat, sondern auf sich als Person. Man fühlt sich als Versager, durch und durch. Dieses Gefühl tritt auf, obwohl es zeitgleich andere Situationen gibt, auf die es nicht zutrifft. Trotzdem kann es passieren, dass man sich nach dem Versagen in einer speziellen Situation komplett wertlos fühlt.

Viele tragen solche oder ähnliche Emotionen in sich, die sie sich im Laufe ihres Lebens angeeignet haben. Für einige Menschen sind sie so unangenehm, dass sie anschließend alles dafür tun, damit sie sie nicht wieder fühlen müssen. Daher verharren sie lieber in einer unbefriedigenden Lebenssituation, als sich ein neues Ziel zu setzen, welches sie vielleicht nicht erreichen. Leider macht dieses automatische Muster Veränderungen fast unmöglich.

Angst vor Erfolg

Es gibt sogar Menschen, die Angst vor ihrem eigenen Erfolg haben. Grund kann sein, dass sie unbewusst abgespeichert haben, sie seien erfolglos und werden das für immer bleiben. Wenn sich eine solche Person nun ein Ziel setzt und das auch noch erreicht, passt das nicht mit dem Selbstbild überein. Und bevor sie ihr Selbstbild ändern, setzen sie sich lieber erst gar kein Ziel. Natürlich passiert auch das komplett automatisch.

Angst vor Unannehmlichkeiten

Ziele erreicht man nicht von selbst. Oft gehört dazu, dass man Dinge tun muss, die man nicht gerne macht. Auch gibt es auf dem Weg zum Ziel häufig Durststrecken, während derer es viel Überwindung kostet weiterzumachen. Damit man ein Ziel erreicht, ist es meist erforderlich, Zeit und Geld zu investieren. Das alles macht nicht immer Spaß und ist auch nicht immer angenehm. Einige möchten sich diesen Unannehmlichkeiten nicht stellen, daher setzen sie sich keine Ziele.

Angst davor, etwas anderes zu verpassen

Wenn man sich ein Ziel setzt und es verfolgt, wird man andere Ziele nicht realisieren können. Unsere Kapazitäten sind endlich. Doch einige Menschen haben Angst, dass sie etwas verpassen könnten, wenn sie sich ganz auf ein wesentliches Ziel konzentrieren. Daher setzen sie sich kein klares Ziel oder verfolgen halbherzig mehrere Ziele. Das Erreichen nur eines der Ziele wird dadurch schwieriger.

Diese und weitere Ängste stehen Zielen im Weg. Wer keine Ziele hat und sich von normal zu genial entwickeln möchte, der muss seine Ängste erkennen. Damit ist der erste Schritt getan. Das Verständnis für einen selbst wächst dadurch. Wer seine Ängste kennt, kann außerdem anders mit ihnen umgehen. Man kann sie hinterfragen und sie dadurch entkräften. Man kann Argumente finden, die beweisen, dass die vermeintlichen Gefahren nicht so groß sind wie man befürchtet. Oder man kann sich vorstellen, wie man trotz der Ängste auf ein Ziel hinarbeitet. Das zeichnet Genialität aus.

Das Wichtige ignorieren

Bei vielen Menschen brennt es in einigen Lebensbereichen. Das Leben schreit ihnen gewissermaßen zu: Hier stimmt etwas nicht, kümmere dich! Seien es die Finanzen, sei es die Familiensituation, sei es der Beruf oder die Gesundheit. Ich kenne das nur zu gut. Jahrelang habe ich das Wichtige ignoriert, habe immer weiter zugenommen, war mit meinem Studium, meinem Freundeskreis sowie meiner Firma unzufrieden und litt an Asthma. Jahrelang habe ich mich nicht darum gekümmert, diese Missstände in Ordnung zu bringen. Stattdessen habe ich meinen Trott automatisch tagein, tagaus wiederholt. Schön war es nicht, ich habe gelitten, doch ich dachte auch, dass das Leben so nun einmal ist. Dann legte ich den Schalter um. Mein erstes Buch *Arsch hoch beginnt im Kopf,* handelt davon.

Weil ich das Problem so gut kenne, fällt es mir bei anderen besonders auf. Seit Jahren betreibe ich Kampfsport. Dort habe ich Leute kennengelernt, die ihr gesamtes Leben nach dem Sport ausrichten. Arbeiten ist für sie unwichtig, doch sie können sich nicht einmal gutes Essen leisten, was für ihren weiteren Erfolg im Sport wichtig wäre. Statt dem Geldverdienen eine höhere Priorität einzuräumen, konzentrieren sie sich nur weiter auf den Sport. Zufrieden sind sie nicht, sie beschweren sich, dass sie kein Geld haben und sich Reisen in die interessanten Kampfsporthochburgen der Welt nicht leisten können. Sie ignorieren das Wesentliche.

Unter den Patienten meines Vaters gibt es einige, die nach dem Besuch in seiner Praxis weiterhin das Wesentliche ignorieren, nämlich ihre Gesundheit. Es sind oft diejenigen, die nicht aus eigener Überzeugung kommen, sondern von Eltern, Kindern oder guten Freunden angeschleppt werden. Viele der Schwerkranken hingegen, die aus eigener Motivation kommen, haben erkannt, dass sie sich um ihre Gesundheit kümmern müssen. Doch jene, die weiterhin das Wesentliche ignorieren, obwohl Krankheiten sie zu Veränderungen aufrufen, jammern beispielsweise über die Menge an Pillen, die sie schlucken sollen, finden es langweilig, laufen zu gehen, und bewerten den Verzicht auf Kohlenhydrate als lebensfreudeverachtend. Sie bleiben bei ihren automatischen Entscheidungen und Handlungen, die sie in die Krankheit geführt haben. Viele wünschen sich, dass die Krankheit wieder weggehen soll, möchten aber nichts an ihrem Leben ändern. Sie wünschen sich die eine Wunderpille, die alles heilt, die es aber nicht gibt. Auch nicht in der Schulmedizin. Ich leide mit ihnen, wenn ich mir vorstelle, wie sie in ihren automatischen Entscheidungen und Handlungen gefangen sind. Genial geht anders. Geniale Menschen erkennen und kümmern sich um das Wesentliche. Sie sind bereit, alles zu tun, um Missständen in ihrem Leben ein Ende zu setzen.

Viele Menschen fühlen sich auch durch ihre Arbeit gefangen. Sie beschweren sich täglich über ihre Chefs, fühlen sich beruflich über- oder unterfordert, nehmen lange Anfahrtswege in Kauf oder ignorieren andere Faktoren, die ihre Beschäftigung bei näherem Hinsehen untragbar machen. Trotzdem ist es für viele nicht leicht, ihre Situation zu verändern. Teilweise rechtfertigen sie die Missstände sogar. Sie erkennen nicht, dass nicht die Arbeit sie gefangen hält, sondern ihre automatischen Entscheidungen und Handlungen.

Gut zu wissen:
Veränderung ist eine Gesetzmäßigkeit

So formulierte es auch John F. Kennedy: »*Change is the law of life.*« Nichts bleibt, wie es ist. Daher lebt man besser, wenn man sich ständig mitverändert. Je häufiger man Dinge im Leben verändert, umso leichter werden die nächsten Veränderungen.

Falsche Kriterien für Erfolg

Wenn ich ein Ziel habe, sollten meine Aktivitäten so ausgerichtet sein, dass ich meinem Ziel schrittweise näher komme. Logisch, aber oft genug wird genau das nicht getan – natürlich unbewusst. Um festzustellen, ob ich meinem Ziel näher komme, brauche ich somit die richtigen Messkriterien. Wäre ich auf einem Waldweg Richtung Gipfel unterwegs, muss ich feststellen können, ob ich mich a) dem Gipfel nähere und b) an Höhe gewinne. Das hört sich banal an, aber im täglichen Leben beobachte ich, wie diese simple Logik ignoriert wird. Und noch schlimmer: Viele bemerken es nicht einmal!

In der Start-up-Szene beobachte ich dieses Phänomen immer wieder. Junge Menschen gründen mit ihrer Businessidee eine Firma oder machen sich selbstständig. Sie verbringen viel Zeit damit, Internetseiten zu erstellen, sich zu vernetzen, sich weiterzubilden oder ihre Ideen auf speziellen Start-up-Messen zu präsentieren. Stolz zeigen sie Freunden ihr angemietetes Büro. Nur verdienen sie kein Geld mit ihrer Idee. Wenn man sie fragt, wie es läuft, heißt es »gut«, schließlich haben sie eine überzeugende Webseite, sie sind vernetzt, und sie arbeiten täglich acht bis zehn Stunden. Nur schwinden ihre finanziellen Ressourcen rapide. Ich habe es schon erlebt, dass Jahre ins Land gingen und ganze Erbschaften verpufften, bis jemand seine Businessidee wieder fallen gelassen hat und seine Kriterien für Erfolg endlich anpasste. Erfolg heißt in dem Fall nicht, dass man täglich zu tun hat, vernetzt ist und eine imposante Webseite besitzt. Der Erfolg eines Unternehmens oder einer selbstständigen Tätigkeit misst sich schlichtweg am finanziellen Erfolg. Alles andere ist zweitrangig.

Kritische Reflexion ist notwendig

Ein guter Freund von mir verließ früh die Schule, um im Unternehmen seines Halbbruders zu helfen, der einen schweren Unfall erlitten hatte. Er arbeitete hart und rettete das Unternehmen. Lange Zeit hielt er alles, was er machte, für richtig, denn sein Kriterium für Erfolg war Familienzusammenhalt und Familienglück. Er ignorierte die Tatsache, dass er der wesentlich geschicktere Unternehmer war, aber dass die Gewinne, die er erwirtschaftete, größtenteils seinem Halbbruder zugutekamen. Als er sein falsches Kriterium für Erfolg erkannte, verließ er das Unternehmen und gründete sein eigenes. Es kam deswegen zu einem großen Streit mit seiner Frau. Sie wohnten sogar einige Zeit getrennt. Letztlich hat sich das Leben meines Freundes sehr gut neu sortiert. Er hat jetzt nicht nur Erfolg mit seinem eigenen Unternehmen, auch ist er wieder glücklich mit seiner Frau vereint, und selbst in der größeren Familie herrscht wieder Zusammenhalt. Er ist jetzt viel zufriedener.

Oder Übergewichtige, die sich täglich bewegen und gesund ernähren, aber trotzdem nicht abnehmen. Das kann passieren, besonders wenn so wichtige Stoffe wie Testosteron fehlen. Wer sich jedoch in so einer Situation befindet und der Meinung ist, seinem Ziel näher zu kommen, weil er sich bewegt und gesund isst, der setzt ein falsches Kriterium für Erfolg an. Wer hingegen das richtige Kriterium für den Erfolg anwendet, nämlich den messbaren Gewichtsverlust, der ist eher in der Lage, weiter nach Lösungen zu suchen und Dinge auszuprobieren, die ihn an sein Ziel führen.

Falsche Kriterien erkennen

Ich könnte unzählige weitere Beispiele aufzählen. In meinem Promotionsstudiengang gab es welche, die unglaublich viel Zeit mit Recherchearbeiten verbrachten, oder andere, die sich komplizierte methodische Verfahren zur Beantwortung ihrer Forschungsfragen ausdachten. Nur haben sie nichts aufs Papier gebracht. Viele hielten sich trotzdem für erfolgreich, schließlich beschäftigten sie sich in jeder freien Minute mit ihrer Dissertation. Was aber letztlich zählt, ist die geschriebene Arbeit. Wenn sich die Seiten nicht füllen, ist man nicht erfolgreich.

Fast alle Menschen wenden in einigen Bereichen ihres Lebens falsche Kriterien für ihren Erfolg an. Um das zu erkennen, ist es daher hilfreich, sich einfach vor Augen zu führen, welche Kriterien das richtige Maß darstellen. Wenn man die richtigen Kriterien gefunden hat, kann man ebenfalls feststellen, ob andere Aktivitäten, die man bislang unter Erfolg verbuchte, eher als Selbstbetrug zu klassifizieren sind. Es kann emotional wehtun, aber besser es tut mal einige Zeit weh und man weiß danach, wo man steht, als dass man ewig auf einer Stelle tritt und nicht versteht, warum sich der Erfolg nicht einstellt.

Falsche Weltbilder und Ansichten

Der Automatismus der falschen Weltbilder und Ansichten ist nicht so leicht zu enttarnen. Viele falsche Annahmen werden von unzähligen anderen Menschen geteilt. Da muss man schon sehr wach und aufmerksam das eigene Leben und die Umwelt beobachten, um Fake News von richtigen News zu unterscheiden. Ein solch kluger Kopf war Kopernikus, der im 16. Jahrhundert das vorherrschende Weltbild über unser Sonnensystem auf den Kopf stellte. Bis zu dieser Zeit nahmen die meisten gebildeten Menschen in Europa an, dass die Erde den Weltmittelpunkt bildet und von rotierenden himmlischen Sphären, wie auch der Sonne, umgeben ist. Kopernikus beobachtete Sonne und Sterne genau und kam zu dem Ergebnis, dass es so nicht sein kann. Nach seinen Vorstellungen war die Erde ein Planet, der sich um die eigene Achse drehte und um die Sonne kreiste. Zu seiner Zeit wurde er scharf kritisiert. Den meisten Menschen fiel es schwer, ihr Weltbild zu ändern. Heute ist hingegen ein Großteil der Menschheit überzeugt, dass Kopernikus recht hatte.

Doch hat er wirklich recht? »In Teilen«, würde bestimmt einer meiner Lieblingsphysiker Prof. Susskind sagen. Er ist Mitbegründer der Stringtheorie. Diese Theorie ist ein anerkanntes Forschungsfeld der Physik.

Sie besagt, dass nicht Elementarteilchen als punktförmige Körper in der Raum-Zeit die fundamentalen Objekte sind, die unser Universum bilden, sondern Strings (englisch für Fäden). Professor Susskind geht sogar noch einen Schritt weiter. Er entwickelte zusammen mit anderen Wissenschaftlern eine Theorie, wonach unser Universum einem Hologramm entspricht. Unser Universum und somit unsere Sonne, unsere Erde und wir Menschen sind demnach nur eine mehrdimensionale Abbildung, der eine Matrix zugrunde liegen muss, die die eigentliche Realität darstellt.[9] Unsere menschliche Wahrnehmung ist allerdings nicht in der Lage, die Welt in dieser Form zu erfassen. Aber wissenschaftliche Experimente weisen darauf hin, dass dies durchaus eine mögliche Beschreibung ist. Unser Universum und jeder von uns ist somit nur eine Abbildung einer übergeordneten Realität, ohne es zu bemerken.

Ich bin mir sicher, dass viele, die sich nicht für diese Forschungsergebnisse interessieren, den Kopf über diese letzten Zeilen schütteln. Das Universum und der Mensch als Hologramm einer übergeordneten Realität? Was soll das? Ich kann mir gut vorstellen, dass viele Menschen heute diese neue wissenschaftliche Vorstellung genauso abweisen wie Menschen damals die Idee von Kopernikus.

Das sind Themen, die mich interessieren. Ich will hier nicht zu tief einsteigen. Ich will lediglich damit verdeutlichen, dass wir alle sehr wahrscheinlich viele falsche Weltbilder in uns tragen. Insbesondere sind jedoch jene falschen Weltbilder von Bedeutung, die unsere täglichen Entscheidungen und Handlungen prägen. Ich beschreibe im Folgenden einige, die mir immer wieder auffallen.

Auf den Punkt gebracht: Genies ändern ihre Annahmen

Jeder Mensch hat bestimmte Meinungen darüber, wie die Natur der Dinge ist. Genies sind an neuen Erkenntnissen interessiert und können ihre vorherigen Annahmen leicht über Bord werfen, wenn ihnen neue Meinungen passender erscheinen.

Zufriedenheit hängt von äußeren Umständen ab

Wir haben fast alle Bilder von zufriedenen Menschen im Kopf. In der Vorstellung vieler führen diese zufriedenen Menschen eine erfüllte Partnerschaft, haben gut geratene Kinder, haben Erfolg im Beruf und leben in einem schönen Haus. Somit scheint der Rückschluss, dass all diese äußeren Umstände glücklich machen, folgerichtig. Doch ist das wirklich so? Es reicht ein Blick in die Boulevardpresse und eine kritische Reflexion des eigenen Lebens, um diesen Rückschluss zu widerlegen. Viele Reiche und Erfolgreiche sind nicht unbedingt glücklich, daher können diese Umstände schon einmal kein Garant für Glück sein. Auch eine wohlgeratene Familie ist es nicht und ein schönes Haus oder ein schnelles Auto erst recht nicht. Das kann ich in meinem Bekanntenkreis beobachten. Ein guter Freund von mir hatte immer eine klare Struktur in seinem Leben. Er machte einen guten Bachelor-Abschluss, schloss seinen Master sogar mit der Bestnote ab. Er erhielt eine Festanstellung bei einem IT-Konzern, verliebte sich in eine tolle Frau und heiratete. Das hat er wirklich so durchgezogen. Selbst das schicke, schnelle Auto fehlte nicht. Er schuf sich und seiner Frau ein ordentliches Zuhause, dann kam der Nachwuchs. All das erreichte er in genau der festgelegten Reihenfolge. Er hatte sich nie verzettelt und selten Unnötiges getan. Ihm ist es wichtig, für seine Frau und Kinder da zu sein, daher arbeitet er zwar viel, aber nicht zu viel. Außerdem packte er neben seinen Aufgaben im Büro auch beim Haushalt mit an. Wenn äußere Umstände glücklich machen würden, müsste er überglücklich sein. Ich habe aber häufig das Gefühl, dass er es nicht ist.

Positive äußere Umstände führen nicht zwangsläufig zu Zufriedenheit, und negative machen nicht automatisch unglücklich. Es gibt Menschen, deren äußere Umstände sich radikal verschlechtern und die trotzdem weiterhin zufrieden sind. Kristina Vogel ist ein beeindruckendes Beispiel. Die 11-fache Weltmeisterin im Bahnradfahren erlitt während des Trainings einen so schweren Unfall, dass sie seitdem querschnittsgelähmt ist. Und was macht sie? Sie engagiert sich politisch, wird zur Bogenschützin, fährt Handbike und ist Vorbild für viele, die ebenfalls mit schweren Verletzungen leben müssen. Sie ist zufrieden und sagt, dass ihr die Querschnittslähmung neue Möglichkeiten gibt.

Es ist daher falsch zu glauben, dass unsere Zufriedenheit von äußeren Umständen abhängt.

Korrekte Ansicht: Zufriedenheit ist die innere Haltung zu den äußeren Umständen. Diese Haltung kann man erlernen.

Zukunftsangst, Streitereien und Enttäuschungen sind normal

Sind sie wirklich normal oder eher Ausdruck automatischer Gedanken und Gefühle? Der indische Philosoph Jiddu Krishnamurti bezeichnet Angst als einen Defekt im Denken.[10] Dabei bezieht er sich auf die unbegründete Zukunftsangst. Angst bei einer akuten Gefahr ist hingegen sehr hilfreich. Angst, die Anstellung zu verlieren, obwohl es dafür keine Anzeichen gibt, ist hingegen ein solcher Denkdefekt. Oder die Vorstellung vieler anderer Veränderungen, die das jetzige Leben in Gefahr bringen könnten.

Gut zu wissen: realistischer Optimismus

Besonders wenig Angst haben nicht die reinen Optimisten, sondern die realistischen Optimisten. Ihre Haltung kann man laut der Wissenschaftlerin Sophie Chou wie folgt zusammenfassen: *»Ich weiß, dass Herausforderungen und Schwierigkeiten auf mich zukommen werden. Aber ich bin mir sicher, dass ich herausfinden werde, wie ich sie bewältigen kann und ich in der Lage sein werde, dies auch zu tun.«*[11]

Streitereien sind laut Jiddu Krishnamurti ebenso Defekte im Denken. Der Defekt im Denken führt zu einem Defekt im Fühlen. Streit entsteht meistens, wenn sich eine Person nicht nach den Vorlieben einer anderen Person verhält. Doch anstatt zu registrieren, dass sich der andere nur nicht so verhält, wie man es sich wünscht, kritisiert man ihn. Der andere möchte natürlich nicht kritisiert werden, das widerspricht seinen Vorlieben und kontert. Schon ist der Streit da. Doch woher nimmt man sich überhaupt das Recht anzunehmen, dass sich eine andere Person entsprechend der eigenen Vorlieben und Abneigungen verhalten soll? Das ist der Defekt im Denken. Wenn wir den beheben, erleben wir auch keine Streitigkeiten mehr. Es gibt hier allerdings eine Grenze im Akzeptieren des Verhaltens: Sprachliche oder körperliche Gewalt ist nicht okay.

Auch negative Gefühle nach Enttäuschungen sind eine gedankliche Angewohnheit, die uns mehr Ärger bereitet, als dass sie uns hilft. Wir müssen uns nur genauer das Wort »Enttäuschung« betrachten, dann sehen wir seinen Zauber. Wir werden von einer Täuschung befreit. Wenn uns beispielsweise ein Freund enttäuscht, weil er sein Versprechen, beim Umzug zu helfen, nicht einhält, dann wissen wir danach wenigstens, woran wir bei ihm sind. Über diese Erkenntnis können wir uns freuen.

Korrekte Ansicht: Zukunftsängste, Streitereien und Enttäuschungen sind Defekte im Denken.

Als Nächstes werde ich einige falsche Weltbilder vorstellen, an deren Beseitigung mein Vater seit Jahren arbeitet. Ich kann nicht anders, denn ich schätze seine unermüdliche Arbeit sehr.

Der normale Mitteleuropäer ernährt sich gesund

Der tägliche Verzehr von Brötchen, Brot, Pasta, Pizza, Keksen, Süßspeisen und Kuchen wird von vielen als normal und damit als gesund bewertet, solange noch ein klein wenig Gemüse, Salat, Obst, Wurst und Käse dazukommen. Ist es nicht! Etliche Studien zeigen mittlerweile, dass der durchschnittliche Europäer viel zu viel Zucker und andere Kohlenhydrate isst und dass diese Kohlenhydrate krank machen. Weiterhin verspeisen die meisten zu wenig Gemüse und Proteine. Proteinmangel führt jedoch genauso wie zu viele Kohlenhydrate zu chronischen Entzündungsreaktionen, die wiederum chronische Erkrankungen auslösen. Zu wenig Gemüse bringt die Darmflora aus der Balance, auch das macht dauerhaft krank.

Korrekte Ansicht: Die in Mitteleuropa als normal angesehene Ernährung macht krank.

Chronische Krankheiten sind Schicksalsschläge

Unfälle oder Fehlbehandlungen sind Schicksalsschläge, aber kaum eine chronische Erkrankung. Diese Krankheiten entstehen infolge des Lebensstils. Der Zusammenhang zwischen Herz-Kreislauf-Erkrankungen, Diabetes, Demenz, Rheuma oder Krebs und Lebensgewohnheiten wurde in Tausenden wissenschaftlichen Studien dargestellt. Selbst Infektionen mit Viren oder Bakterien sind keine Schicksalsschläge. Denn wie gut der Körper diese Eindringlinge bekämpfen kann, hängt wiederum vom Immunsystem ab. Dessen Schlagfertigkeit korreliert klar mit Ernährungsgewohnheiten, Sport und Stress.

Korrekte Ansicht: Chronische Krankheiten sind selbst gemacht, wenn auch oft unbewusst, da den Ernährungs- und Bewegungsgewohnheiten automatische Entscheidungen und Handlungen zugrunde liegen.

Medikamente heilen chronische Krankheiten

Chronische Erkrankungen entstehen, wenn wesentliche Abläufe im Körper nicht mehr richtig funktionieren. Beispielsweise wenn Mitochondrien, die Kraftwerke der Zellen, nicht mehr genügend Energie produzieren, wenn das Immunsystem auf falsche oder körpereigene Stoffe reagiert, wenn sich bestimmte Produkte im Stoffwechsel ansammeln und vieles mehr. Medikamente bringen die Abläufe im Körper jedoch nicht zurück in ihr natürliches Gleichgewicht, sondern manipulieren sie. Dadurch können sich zwar Symptome verringern oder verschieben, aber chronische Erkrankungen können dadurch nicht geheilt werden.

Korrekte Ansicht: Eine Ernährung, reich an frischem Gemüse und hochwertigen Proteinen, sowie Nahrungsergänzungsmittel, Sport und Meditation heilen. Medikamente verändern lediglich Symptome.

Der Verzicht auf Kohlenhydrate nimmt Lebensfreude

Viele Mitteleuropäer sind von Kohlenhydraten abhängig, ohne es zu bemerken. Die Vorstellung, auf Kohlenhydrate zu verzichten, kann daher leicht zu Ablehnung führen. Ähnlich wie bei einem Alkoholiker, dem man vorschlägt, auf den Alkohol zu verzichten. Kohlenhydrate machen nicht nur abhängig, sie nehmen nachweislich Lebensfreude. Ein hoher Konsum an Kohlenhydraten führt zu chronischen Entzündungen und Erkrankungen. Diese können wiederum zu Stimmungstiefs und Depressionen führen. Viele der Patienten meines Vaters berichten nicht vom Verlust der Lebensfreude, wenn sie auf Kohlenhydrate verzichten, sondern genau vom Gegenteil. Sie erleben Energie und Freude wie noch nie zuvor in ihrem Leben.

Korrekte Ansicht: Der Verzicht auf Kohlenhydrate bringt Lebensfreude!

Spazieren gehen oder tägliche Fußwege reichen an Bewegung

Insbesondere Menschen, die nicht übergewichtig sind, haben häufig das Gefühl, dass sie sich ausreichend bewegen, wenn sie regelmäßig spazieren gehen, hin und wieder etwas Fahrrad fahren oder tägliche Wege zu Fuß zurücklegen. Um jedoch auch noch im hohen Alter gesund zu bleiben, reicht das meist nicht aus. Einer der besten Parameter, um früh im Leben feststellen zu können, wie lange ein Mensch gesund bleibt, ist die körperliche Ausdauerleistung. Je besser sie ist, umso länger bleibt der Durchschnittsmensch gesund.[12] Um eine gute bis sehr gute körperliche Ausdauer zu erlangen, reichen Spazierengehen und Alltagsbewegungen aber nicht aus.

Korrekte Ansicht: Anstrengender Ausdauersport, mehrmals wöchentlich, verlängert die Gesundheit bis ins hohe Alter.

Laufen ist langweilig

Ob eine Sache als langweilig empfunden wird oder nicht, hängt nicht von der Sache selbst ab. Der eine findet Fußballgucken entsetzlich langweilig, der andere platzt fast vor Spannung. Es ist die innere Haltung zu der Tätigkeit, die darüber entscheidet, ob etwas langweilig ist oder nicht. Die Haltung wiederum entsteht durch unsere Gedanken, diese können wir beliebig formen.

Korrekte Ansicht: Laufen an sich ist weder langweilig noch spannend. Wie man es empfindet, hängt von der inneren Bewertung ab, und die lässt sich bewusst ändern.

So viele Nahrungsergänzungsmittel einzunehmen ist unnatürlich

Was ist schon natürlich? Das hochgezüchtete Gemüse, welches auf ausgelaugten Böden wächst und daher kaum Nährstoffe enthält, ist es bestimmt nicht. Eier von Hühnern, die nur im Käfig sitzen und noch nie in der Erde nach einem Wurm gepickt haben, ebenso wenig. Und erst recht sind Getreideprodukte nicht natürlich. Alle Getreidesorten sind das Ergebnis jahrtausendelanger Pflanzenzucht. Die Evolution hat sie in diesen Formen nicht entstehen lassen.

Heute wissen wir, welche Nährstoffe der Körper braucht, damit die Abläufe in gesunder Form stattfinden. Die Blutanalyse gibt Auskunft darüber, ob man mit diesen essenziellen Stoffen ausreichend versorgt ist. Fehlende Stoffe ausschließlich über eine gesunde Ernährung aufzunehmen ist heute allerdings fast unmöglich. Daher sind Nahrungsergänzungsmittel ein idealer Weg, dem Körper fehlende natürliche Stoffe zuzufügen.

Korrekte Ansicht: Nahrungsergänzungsmittel bestehen aus natürlichen Stoffen, die der Körper braucht.

Auf den Punkt gebracht: Genies orientieren sich an Fakten und Ergebnissen

Genies schauen darauf, was wirkt, und handeln danach. Sollte ihnen etwas zunächst widerstreben, sie erkennen aber die positiven Effekte, bauen sie bewusst ihren Widerstand ab.

Dem Umfeld die Macht überlassen

Es gibt Umfelder, die erschweren Verhaltensänderungen. Beispielsweise gibt es Unternehmen, da wird nur geschuftet. Da sind Überstunden die Normalität und nicht die Ausnahme. Wenn man in so einem Unternehmen beschäftigt ist und weniger arbeiten möchte, wirkt das Umfeld hinderlich. Denn in so einem Fall hat man nicht nur damit zu tun, sich der eigenen automatischen Angewohnheiten bewusst zu werden und sie dann zu verändern, das Umfeld ist auch noch dagegen. In einigen Fällen wird daher eine Veränderung erst realistisch, wenn man sich auch ein neues Umfeld schafft.

Hinsichtlich des Lebensstils ist dieses Phänomen besonders tragisch. Ich betrachte immer gerne Paare und Familien. Es gibt selten Paare, bei denen nur einer übergewichtig ist. Meistens sind es beide. Bei Familien kommt es auf das Alter der Kinder an. Es gibt tatsächlich übergewichtige Paare, die absolut normalgewichtige Kinder haben. Je älter die Kinder sind, desto häufiger sind sie allerdings ebenfalls übergewichtig. Das andere Extrem sind die Durchtrainierten. Meistens sind es wieder beide eines Paares oder gleich die ganze Familie. Denn Paare und Familien leben zum Großteil gleich. Sie essen gemeinsam, sie gestalten ihre Freizeit gemeinsam, sie eignen sich die gleichen automatischen Entscheidungen und Handlungen an. Solange der Lebensstil gesund ist, ist das wunderbar, jedes Familienmitglied motiviert das andere.

Zugehörigkeit anstelle gesunder Ernährung

Anders sieht es in den Familien aus, in denen ein ungesunder Lebensstil herrscht. Wenn ihn nur ein Familienmitglied ändern möchte, kann das schwierig werden. Beim Essen wird es besonders kompliziert. Hier spielen nicht nur Gewohnheiten eine Rolle, Essen ist häufig mit Gefühlen verknüpft. In den seltensten Fällen geht es nur darum, den Nährstoffbedarf zu decken. Wenn man sich in immer gleicher Weise ernährt, gibt einem das zum Beispiel Sicherheit. Das Gefühl entsteht nur aus dem Grund, weil das Essen gleich bleibt. Möchte ein Familienmitglied seine Ernährung ändern, kann dies bei den anderen daher Unsicherheiten erzeugen. Das kann so weit gehen, dass die Veränderungen der einen Person bekämpft werden – natürlich basiert das auf unbewussten Verhaltensmustern. Eventuell werden die neuen Essgewohnheiten als schädlich bezeichnet, oder es wird sich über sie lustig gemacht.

Wenn einer für die Familie kocht, dann ist das zudem oft Ausdruck von Fürsorge und Liebe. Oder der gemeinsame Verzehr von etwas Süßem wird als gemeinsame Entspannung bewertet. Selbst das geteilte Bier oder der zusammen getrunkene Wein kann automatisch als gemeinschaftlicher Akt empfunden werden. Wenn sich nun ein Familienmitglied gesund ernähren möchte, muss es nicht nur seine automatisierten Ernährungsgewohnheiten ändern, sondern wird zusätzlich mit den dadurch veränderten Gefühlen seiner Familienmitglieder konfrontiert. Wenn einem beispielsweise am Abend vom Partner das Glas Wein hingestellt wird und man es ablehnt, kann der Partner dies als Ablehnung seiner Liebe interpretieren. Damit der Partner so nicht denkt, trinkt man lieber mit, obwohl man sich vorgenommen hatte, dies nicht mehr zu tun. Natürlich laufen diese Mechanismen automatisch ab.

Gut zu wissen: Übergewicht ist ansteckend

Nach einer Studie, die an der Harvard University, USA, durchgeführt wurde, dient die Essensmenge derer, mit denen man gleichzeitig isst, als »Anker«. Unbewusst orientiert man sich an deren Menge. Der Wissenschaftler Nicholas Christakis hält das für einen der Gründe, warum Übergewicht ansteckend ist. Menschen passen ihre Essgewohnheiten ihrem Umfeld an.[13]

Um Ernährungsgewohnheiten zu ändern, ist es daher am einfachsten, wenn die gesamte Familie mitzieht. Das passiert natürlich nicht immer. Wenn andere nicht mitziehen, sollten sie zumindest denjenigen, der sich ändern möchte, unterstützen oder in Ruhe lassen. Das gelingt, wenn man sich die automatischen Muster, die mit dem Essen einhergehen, bewusst macht.

Persönlichkeitsmerkmale ausblenden

Die menschliche Psyche ist komplex. Bereits 1895 beschrieb Sigmund Freud das Phänomen der Projektion. Gedanken oder Gefühle, die man nicht haben möchte, werden auf andere projiziert. Wir machen es fast alle, natürlich automatisch. Wenn mir beim Programmieren beispielsweise Gedanken kommen, dass mein damaliger Studienkollege meine Programmierung für umständlich hält, dann projiziere ich. Mein damaliger Studienkollege sitzt ja nicht neben mir und kommentiert, was ich mache. Meine wirklichen Gedanken und Gefühle sagen etwas anderes. Ich trage das Selbstbild in mir, dass ich zu umständlich bin. Das tut jedoch weh, daher will ich weder diesen Gedanken noch dieses Gefühl. Die menschliche Psyche macht daraufhin etwas Erstaunliches, sie lagert Gedanken und Gefühl aus. In meiner Vorstellung taucht mein ehemaliger Studienkollege auf, dem ich diese Gedanken anhänge. Daraufhin fühle ich mich besser. Denn nicht ich finde mich dann umständlich, sondern jemand anderes findet mich umständlich. Somit bin ich für das Gefühl nicht mehr verantwortlich und muss an mir auch nichts ändern. Dabei ist überhaupt nicht klar, ob mein ehemaliger Studienkollege meine Programmierung wirklich für umständlich halten würde. Vielleicht wäre er auch von ihr begeistert. Aber das ist meiner Psyche erst einmal egal. Sie entlastet mich, indem sie unangenehme Selbstbewertungen auf jemand anderes überträgt.

Wir alle unterdrücken unangenehme Gedanken und Gefühle. Der eine mehr, der andere weniger. Unterdrückt heißt jedoch nicht, dass sie verschwinden. Ganz im Gegenteil. Wenn wir einen Gedanken oder ein Gefühl unterdrücken, dann gelangen sie in den Vordergrund. Es entwickelt sich eine Art Filter, durch den wir unsere Mitmenschen und die Ereignisse in unserem Leben erfahren.[14] Handelt jemand beispielsweise manipulativ, lehnt aber gleichzeitig dieses Verhalten ab, so kann es passieren, dass er emotional reagiert, wenn er manipulatives Verhalten bei anderen erkennt. Das ist wieder das Ergebnis der Projektion. Wenn wir darüber nachdenken, scheint das ein recht komplizierter Vorgang zu sein. Im Grunde genommen ist es das aber nicht. Alles, was wir an uns selbst nicht mögen oder wahrhaben wollen, stört uns an anderen. Dabei hängen wir anderen Menschen nicht beliebig unsere blinden Flecken an. Diejenigen, die wir für unsere Projektionen auswählen, agieren die unerwünschten Verhaltensweisen aus.

Projektionen passieren automatisch. Sie sind normal. Wenn wir wissen, dass es Projektionen gibt, können wir sie nutzen, um genial zu werden. Besonders gut eignen sich dazu problematische Beziehungen zu Familienmitgliedern, Arbeitskollegen, Nachbarn, Freunden oder Trainingskollegen.

Praxis: Projektionen nutzen

Jedes Mal, wenn man sich am Verhalten anderer stört, kann man sich folgende Fragen stellen:

- Was stört mich an ihnen?
- Mache ich genau das Gleiche, will es aber nicht wahrhaben?

Wenn sich die Erkenntnis unangenehm anfühlt, hat man ins Schwarze getroffen. Denn schließlich stößt man dadurch auf Gewohnheiten oder Persönlichkeitsmerkmale, die man zwar hat, aber nicht haben will.

Harmoniebedürftigkeit

Harmonie ist grundsätzlich erstrebenswert. Ich beobachte jedoch, dass einige Menschen zum Zwecke der Harmonie ihre Werte oder sogar gute Verhaltensweisen aufgeben. Das ist ein weiterer Automatismus, der uns im normalen Leben festhält. Denn dann wird der Harmonie ein höherer Stellenwert zugeordnet als den eigenen Bedürfnissen oder den eigenen Werten. Das ist das erste Problem, ein weiteres kommt dazu: Die eigenen Bedürfnisse und Werte sind nicht weg, wenn man sie aufgrund der Harmoniebedürftigkeit zurücksteckt. Damit kreiert man einen kontinuierlichen innerlichen Konflikt.

Das kann beispielsweise so aussehen: Aus gesundheitlichen Gründen verzichtet man auf Kohlenhydrate. Nun wird man zu den Schwiegereltern zum Kaffeetrinken eingeladen. Da sich in dem Moment das Verhältnis zu den Schwiegereltern wichtiger anfühlt als der Verzicht auf Kohlenhydrate, isst man brav das Stück Kuchen. Man will die Schwiegereltern schließlich nicht enttäuschen. Das fühlt sich nicht gut an, denn dadurch gibt man sein eigenes Bedürfnis auf.

Wenn das Gefallen zu wichtig wird

Aufgrund von Harmoniebedürftigkeit werden sogar politische Ansichten übernommen oder das ökologische Handeln verändert. Das kann in zwei Richtungen erfolgen: positiv wie negativ. Passt man seine Entscheidungen und Handlungen einer Person an, mit der man die gleichen Werte teilt, die aber im Gegensatz zu einem selbst auch nach diesen Werten handelt, ist das äußerst hilfreich. Andersherum kann die Harmoniebedürftigkeit zu negativen Veränderungen führen. Bisherige Entscheidungen und Handlungen, die zu den eigenen Werten und Zielen passten, gibt man auf. Stattdessen gleicht man sich den automatischen Entscheidungen und Handlungen der Person an, mit der man harmonieren möchte. Und plötzlich sitzt man im Flieger, um das Wochenende in New York zu verbringen, obwohl man dem Klima zuliebe auf unnötige Flüge verzichten wollte.

Schlechtes Zeitmanagement

Der Markt bietet unzählige Bücher über Zeitmanagement. Eine ganze Reihe an Podcasts kommt hinzu. Ich kenne jemanden, der sich seit Jahren mit verschiedenen Methoden beschäftigt. Trotzdem hat bislang nichts geholfen. Woran das liegt: Die Bücher und die Zeitmanagementmethoden sind bewusste kognitive Prozesse. Unser tägliches Verhalten wird jedoch von automatischen Entscheidungen und Handlungen gesteuert. Dann passiert es, dass wir schnell mal eine unwichtige E-Mail beantworten, über etwas Nebensächliches im Internet recherchieren oder uns in Details verlieren. Die wichtigen Tätigkeiten bleiben währenddessen liegen. Solange uns unsere automatischen Entscheidungen und Handlungen nicht klar sind, können wir noch so viele Zeitmanagementmethoden erlernen, sie werden höchstwahrscheinlich nur zu kleinen Verbesserungen führen. Folgende automatische Gedanken führen häufig zu einem schlechten Zeitmanagement:

Angst zu versagen

Angst verändert Abläufe im Gehirn. Insbesondere wird der Mandelkern, wissenschaftlich heißt er Amygdala, aktiv. Das ist ein sehr alter Teil des Gehirns. Er reguliert das Flucht- und Angriffsverhalten in gefährlichen Situationen. Wenn die Amygdala immerzu aktiv ist, sind andere Bereiche des Gehirns weniger aktiv, beispielsweise der präfrontale Cortex. Dieser Teil ist jedoch für die Planung von Handlungen nötig. Darüber hinaus werden hier die Konsequenzen von Handlungen ermittelt. Unter chronischer Angst ist es daher fast unmöglich, Zeit und Arbeitsschritte zu überblicken. Diese Fähigkeit wird jedoch für die meisten Zeitmanagementmethoden vorausgesetzt. Tragischerweise führt ein schlechtes Zeitmanagement häufig zu Misserfolgen, was die Angst zu versagen noch größer werden lässt.

Geringes Selbstwertgefühl

Geringes Selbstwertgefühl lässt sich nicht vollkommen von der Angst zu versagen trennen. Denn die Versagensangst manifestiert sich häufig in negativen, selbsterfüllenden Prophezeiungen. Personen mit geringem Selbstwertgefühl sind häufig davon überzeugt, dass sie Aufgaben nicht zur Zufriedenstellung anderer erfüllen können. Diese automatische Überzeugung führt zu automatischen Handlungen, die genau dieses Ergebnis hervorbringen: verpasste Abgabetermine, nicht abgeschlossene Projekte und notorisches Zuspätkommen.

Unrealistische Pläne

Dann gibt es jene, die mit vollkommen unrealistischen Plänen in ein Projekt starten. Die beispielsweise eine Doktorarbeit in vier Monaten schreiben wollen, die neben Beruf, Familie und Sport ein weiteres Unternehmen gründen wollen, welches innerhalb kurzer Zeit Gewinne abwerfen soll. Den unrealistischen Plänen liegt meist ein zentraler Wunsch zugrunde. Der Wunsch, grenzenlos zu sein. Doch wir Menschen sind nun einmal limitiert.

Vorlieben und Abneigungen

Einige leiden nur bei bestimmten Tätigkeiten unter schlechtem Zeitmanagement. Andere Aufgaben erledigen sie schnell und fokussiert. Vorlieben und Abneigungen treiben diese automatischen Entscheidungen und Handlungen an. Betroffene tun nicht das, was wichtig ist, sondern das, worauf sie Lust haben. Dann bleiben die Dinge liegen, die sie nicht mögen. Es hat nicht immer nur mit reiner Lust zu tun, sondern auch mit Erfahrungen. Aufgaben, die man häufig erledigt, fallen oft leichter. Ihnen gegenüber entwickelt man Vorlieben. Neue Aufgaben fallen hingegen häufiger schwer, da man sie noch nicht so gut beherrscht. Ihnen gegenüber entwickelt man daher Abneigungen.

Wunsch nach Bestätigung

Ich beobachte Personen, bei denen habe ich das Gefühl, dass sie ihre Tätigkeiten so ausrichten, dass sie möglichst schnell Bestätigung erhalten. Dann werden nicht die wichtigen Dinge erledigt, sondern die, bei denen man zeitnah eine Rückmeldung von anderen erhält, in der Hoffnung, dass sie positiv ausfällt. Das kann sich in der Anzahl an Meetings zeigen, in denen immer wieder neue Ideen ausgetauscht werden. Die zu erledigenden Aufgaben für bestehende Projekte bleiben hingegen liegen, wenn dort keine Bestätigung von anderen zu erwarten ist. Aber auch das schlichte Beantworten von E-Mails kann durch den Wunsch nach Bestätigung motiviert werden. Dann beantwortet man den ganzen Tag E-Mails, anstatt sich um die wichtigen Aufgaben zu kümmern.

Ziellosigkeit im Leben

Ziellosigkeit hatte ich schon als eigenständigen Automatismus vorgestellt. Sie führt nicht nur zu Unzufriedenheit, sondern auch zu schlechtem Zeitmanagement. Wenn man nicht weiß, wo man hinwill, kann man sich nicht strukturieren. Dann kann es passieren, dass man jeden Morgen eine Stunde lang in Online-Nachrichten stöbert, obwohl sie einen im Leben nicht weiterbringen.

> **Auf den Punkt gebracht:**
> **Der Schlüssel zum guten Zeitmanagement**
>
> Zeitmanagement funktioniert nur, wenn man sich seiner hinderlichen, automatischen Handlungen bewusst wird und diese ändert.

Kritik als Angriff missverstehen

Wenn wir Kritik als Angriff auf unsere Persönlichkeit interpretieren, unterliegen wir ebenfalls Automatismen, die uns im normalen Leben festhalten. Die meiste Kritik enthält nämlich wertvolle Aspekte. Zugegeben, manchmal wird Kritik ungeschickt und angreifend geäußert, aber auch sie ist wertvoll, wenn wir die für uns wichtigen Punkte herausfiltern können. Ich schreibe regelmäßig Beiträge für die *forever young*-Webseite unter www.strunz.com. Im dazugehörigen Forum wurden einige meiner Beiträge heftig kritisiert, insbesondere die ersten. Würde ich mich dadurch persönlich angegriffen fühlen, wäre ich in einer automatischen Reaktion gefangen. Wenn ich jedoch die Kritik dort belasse, wo sie hingehört, nämlich meine Beiträge betreffend, erkenne ich in ihnen wahre Aspekte. Einige Forumsschreiber empfinden meine News zu abgehoben oder konfus. Andere haben geschrieben, dass sie nicht verstehen, was ich vermitteln möchte. Ich habe die Zurufe verstanden. Diese Kritiken haben mir geholfen, meine Beiträge mit klareren Hauptaussagen zu formulieren. Für das vorliegende Buch war es mir wichtig, meine Aussagen mit vielen lebendigen Beispielen zu verdeutlichen.

Richtig verstandene Kritik stärkt das Selbstwertgefühl

Ich hatte bereits Kontakt mit Menschen, die jegliches Feedback ablehnten. Mir scheint, sie konnten zwischen einer Kritik an der Sache und Kritik an ihrer Person nicht unterscheiden. Manchmal kam es mir sogar so vor, als ob sie sich in ihrer Existenz bedroht fühlten. Dementsprechend heftig reagierten sie. Daher konnten sie auch kein Feedback für sich nutzen.

Ich habe es auch schon erlebt, dass Unternehmensgründer nach Kritik all ihre Selbstsicherheit verloren. Damit das nicht passierte, gingen sie dem Feedback oder der Kritik aus dem Weg. Das löst aber ihr grundlegendes Problem nicht, nämlich die mangelnde Selbstsicherheit. Bei ihnen habe ich tragischerweise beobachtet, dass sie oft sehr lange brauchten, um selbst herauszufinden, warum ihre Projekte nicht erfolgreich waren.

Wenn man es jedoch schafft, Kritik nicht mehr persönlich zu nehmen, sondern die Kritik ausschließlich auf die kritisierte Sache bezieht, wächst das Selbstwertgefühl. Einem wird klar, dass man als Mensch gut ist und immer das Beste gibt. Manchmal passt das Beste allerdings nicht genau zu dem, was gefragt ist. Erhält man diesbezüglich Feedback, erkennt man, wie man sich verbessern kann. Je häufiger man es schafft, Kritik nur auf die kritisierte Sache zu beziehen, umso häufiger erlebt man, dass man als Person weiterhin vollkommen okay ist. Dann bricht das Selbstwertgefühl bei Kritik nicht mehr in sich zusammen.

Stress

Mit dem einen Wort Stress werden eine ganze Reihe verschiedener Situationen bezeichnet, in denen der Körper in einen Alarmzustand gerät. Geschieht dies, wenn wirklich Gefahr droht, wie beispielsweise bei einem Brand oder einem Unfall, ist die Stressantwort äußerst sinnvoll. Das Gehirn schaltet in den Überlebensmodus um. Plötzlich kann man schneller und ausdauernder laufen als je zuvor, um dem Feuer zu entkommen. Oder man steigt mit einem gebrochenen Bein 500 Höhenmeter im alpinen Gelände ab. Wenn das Überleben gesichert ist, tritt automatisch eine Phase der Entspannung ein.

Die meisten Menschen erleben heute Stress jedoch nicht aufgrund einer akuten Gefahr, sondern infolge hoher Arbeitsbelastung oder der Aufgaben, die das Familienleben mit sich bringt. Selbst Freizeitaktivitäten können einem zu viel werden. Es bestehen unterschiedliche Theorien darüber, warum Stress entsteht. In einigen Modellen wird von äußeren Stressoren gesprochen. Genauso empfinden es viele wahrscheinlich auch. Sie sind gestresst, *weil* ihnen die Aufgaben über den Kopf wachsen. Es gibt jedoch auch eine andere Erklärung, sie stammt von Richard Lazarus, einem US-amerikanischen Psychologen. Er veröffentlichte 1984 zusammen mit der Psychologin Susan Folkman das kognitive Stressmodell. Demnach wird Stress wesentlich von kognitiven Bewertungsprozessen mitbestimmt. Wenn man also denkt, dass alles zu viel ist, dann fühlt es sich auch so an. Das Gefühl der Überforderung hat demnach viel mehr mit dem Denken als mit den Anforderungen zu tun. Obwohl der Stress nur ein Gedanke ist, schaltet der gesamte Körper in den Stressmodus um. Tragischerweise nehmen normale Menschen die stressauslösenden Gedanken nicht komplett wahr. Was sie spüren, ist nur die Spitze des Eisberges, das Gefühl der Überforderung.

Stress keine Chance geben!

Genial geht anders. Genial bedeutet, Gedanken bewusst wahrzunehmen und zu steuern, dann hat Stress keine Chance. Das braucht jedoch Übung. Zuerst kann man sich fragen, was man über die Situation, die einen stresst, wirklich denkt. Damit hebt man automatisch ablaufende Gedanken ins Bewusstsein. Dann kann man sich beispielsweise fragen, ob die Ressourcen für die Bewältigung der Aufgaben tatsächlich nicht ausreichen. Man kann sich auch fragen, was passieren würde, wenn man ein Projekt später abschließt, einige Aufgaben des Familienlebens weniger perfektionistisch ausführt oder andere Verpflichtungen sein lässt. Meistens passiert nämlich nicht viel. Insbesondere wenn man bei der Verzögerung von Projekten zeigen kann, dass der vorgegebene Zeitplan nicht realisierbar war.

Das setzt natürlich voraus, dass man stetig an seinen Aufgaben arbeitet und sie nicht aufschiebt. Aufschieberitis kann natürlich auch zu Stress führen. Gründe des Aufschiebens sind wiederum meist automatische Entscheidungen und Handlungen. Einige davon habe ich im Kapitel *Schlechtes Zeitmanagement* beschrieben. Weiterhin können unrealistische Zeitpläne Stress erzeugen. Einen Grund für deren Entstehung habe ich ebenfalls in dem genannten Kapitel dargestellt. Dabei führen nicht nur die eigenen unrealistischen Zeitpläne zu Stress. Teams oder Chefs können ebenfalls unrealistische Pläne erstellen.

Gut zu wissen: Sport gegen Stress

Man kann Stress nicht nur wegdenken, sondern auch weglaufen. Während des Ausdauersportes wird im Körper das Stresshormon Cortisol abgebaut.

Mangelnde Selbstdisziplin

Der größte Unterschied zwischen normal und genial ist Selbstdisziplin. Viele normale Menschen würden gerne täglich Sport treiben, weil sie wissen, dass es gesund ist, aber sie tun es nicht. Viele normale Menschen würden gerne meditieren und sich gesund ernähren, aber sie tun es nicht. Viele normale Menschen würden sich gerne beruflich verwirklichen, aber sie tun es nicht. Oder sie würden gerne wertvolle Zeit mit ihrer Familie verbringen, würden gerne abends ein interessantes Buch lesen oder musizieren, aber auch das gelingt ihnen nicht. Geniale Menschen tun, was sie sich vornehmen, egal ob sie in dem Moment darauf Lust haben oder nicht. Sie zeichnen sich im Gegensatz zu normalen Menschen durch eine hohe Selbstdisziplin aus. Im Grunde genommen ist mangelnde Selbstdisziplin nicht das eigentliche Problem, sondern das sichtbare Resultat verschiedener automatischer Handlungen, die ich bereits angesprochen habe:

- **Mangelnde Ziele:** Wer nicht weiß, was er erreichen will, kann nicht diszipliniert darauf hinarbeiten. Daher sind Ziele die Voraussetzung für Selbstdisziplin.
- **Vorlieben und Abneigungen:** Wenn Entscheidungen und Handlungen auf persönlichen Vorlieben und Abneigungen beruhen, bleiben die Dinge liegen, die keine Freude bereiten. Selbstdisziplin bedeutet hingegen, das zu tun, was zu tun ist, egal ob man darauf Lust hat oder nicht.
- **Vermeidung von Anstrengungen:** Ein gesundes und erfolgreiches Leben ist immer mit Anstrengungen verbunden. Man muss täglich Zeit investieren, um sich gesund zu ernähren. Sport ist anstrengend, und auch das Erreichen von Zielen ist immer mit Unannehmlichkeiten verbunden. Wer selbstdiszipliniert ist, erlebt die positiven Ergebnisse von Anstrengung und geht ihr daher nicht mehr aus dem Weg.
- **Angst und mangelnder Selbstwert:** Diese beiden Aspekte sind eng miteinander verknüpft. Wer Angst hat, dessen Gedanken drehen sich häufig um all die Dinge, die schieflaufen können. Diese Gedanken machen es sehr schwer, Ziele selbstdiszipliniert zu verfolgen. Wer keinen oder nur wenig Erfolg hat, dessen Selbstwert sinkt weiter. Das führt wiederum dazu, dass die Angst vor unerwarteten Ereignissen, denen man nicht gewachsen ist, weiter steigt.

Die Unterschiede: normal und genial

Natürlich gibt es nicht nur die Normalen, die unzufrieden auf der Stelle stehen, und die Genialen, die Ziele haben und diese auch erreichen. Es gibt zig Zwischenstufen und Schattierungen.

Auf dem Weg von normal zu genial sind zwei Aspekte essenziell:

1. Man gibt seinem Umfeld nicht mehr die Schuld.
2. Man belügt sich nicht mehr selbst.

Solange man denkt, das Umfeld oder die Umstände halten einen von seinen Zielen ab, ist man in hinderlichen automatischen Entscheidungen und Handlungen gefangen. Wer sich von normal zu genial entwickelt, der gibt dem Umfeld nicht mehr die Schuld, wenn es ihm an Selbstdisziplin mangelt. So jemand sagt sich nicht mehr, dass ihm die Zeit fehle und er deshalb nicht laufen gehen könnte. Er sieht, dass er seine Prioritäten falsch setzt. Das bezieht sich nicht nur aufs Laufen oder Kochen, sondern auch auf das Erreichen privater wie beruflicher Ziele. Wenn jemand, der sich von normal zu genial entwickelt, ein Ziel nicht weiterverfolgt, wird er sich selbst analysieren und herausfinden, welcher Automatismus ihn davon abhält weiterzumachen.

Ein weiterer wichtiger Aspekt sind Selbstlügen. Im ersten Moment mag die Vorstellung, dass man sich selbst belügt, etwas merkwürdig klingen. Warum sollte man das tun? Es geht ja schließlich nur um einen selbst und nicht um andere. Aber viele Menschen tun es die ganze Zeit und bemerken es nicht einmal. Wer sich von normal zu genial entwickelt, der bemerkt zunächst, wann er sich selbst belügt, und hört mit der Zeit damit auf. Konkret mag das folgendermaßen aussehen: Man lässt das Krafttraining ausfallen. Statt sich selbst zu belügen, indem man sich sagt, man habe keine Zeit, gesteht man sich ein, dass man der Anstrengung aus dem Weg gehen wollte. Oder man beantwortet eine unangenehme E-Mail nicht. Statt sich zu sagen, dass sie nicht so wichtig ist und man sie daher auch nächste Woche beantworten kann, ist man sich bewusst, dass man der Aufgabe aus dem Weg gehen möchte, weil sie unangenehm ist.

Genies analysieren sich und strahlen vor Energie

Die Analyse automatischer Entscheidungen und Handlungen ist keine einmalige Aufgabe. Geniale Menschen tun das kontinuierlich. Sie stoßen dabei über die Jahre auf immer weitere automatische Entscheidungen und Handlungen und ändern sie. Sie entwickeln sich als Persönlichkeit kontinuierlich weiter. Das merkt man ihnen an, sie strahlen Energie und Zufriedenheit aus. Jeder kann sich von normal zu genial entwickeln! Wichtig ist nicht nur die Selbstanalyse, sondern auch eine Vision.

2. Visionieren

Im ersten Kapitel habe ich gezeigt, wie man sein Leben analysiert, indem man seine individuellen Werte mit den täglichen Aktivitäten vergleicht. Diskrepanzen deuten auf automatische Entscheidungen und Handlungen hin. Außerdem habe ich im ersten Kapitel einige typische Automatismen dargestellt. Deren Beschreibungen helfen, die eigenen Automatismen zu erkennen.

Neben klar definierten Werten führen Visionen zum Erfolg. Wobei die Vision auf den Werten basieren sollte. Kein Wunder, dass das Erstellen einer Firmen-Vision in vielen Workshops für Unternehmer fester Bestandteil ist. Was für Firmen gilt, gilt auch für das private Leben.

Der US-amerikanische Unternehmer und Motivationstrainer Jim Rohn formulierte es sehr treffend:

If you don't design your own life plan, chances are you'll fall into someone else's plan. And guess what they have planned for you? Not much.

Zu Deutsch: »Wenn du dir nicht deinen eigenen Lebensplan entwirfst, fällst du wahrscheinlich in den Plan von anderen. Und was, glaubst du, werden sie für dich vorgesehen haben? Nicht viel.«

Einige Menschen haben klare Vorstellungen von ihrer Zukunft, und zwar seit ihrer Kindheit. Andere tun sich selbst im Erwachsenenalter mit konkreten Vorstellungen zu ihrem Lebensweg schwer. Wenn man zu letzteren gehört, lohnt es sich, dem Thema Aufmerksamkeit zu schenken.

Wenn man nicht genau weiß, was man will, kann man sich an anderen Menschen orientieren. Eine Vision entsteht zudem nicht an einem Abend, sie wächst meist über Jahre und verändert sich immer wieder. Selbst wenn einige Teile einer Vision niemals Realität werden, lohnt sich die Vision trotzdem. Sie wirkt motivierend! Denn nur wenn wir wissen, wohin wir wollen, können wir entsprechend handeln. Außerdem lernen wir ständig dazu, wenn wir unser Handeln nach einer Vision ausrichten. Denn die Vision unterscheidet sich von der aktuellen Situation. Um sie zu realisieren, müssen wir fast immer etwas tun, was wir nie zuvor getan haben. Die meisten Visionen verändern sich mit der Zeit. Einige neue Ziele kommen hinzu, andere Ziele stellen sich als nebensächlich oder unrealistisch heraus und fallen weg.

Wie Automatismen Visionen beeinflussen

Visionen helfen uns zwar, unsere automatischen Entscheidungen und Handlungen zu erkennen und zu überwinden, aber sie sind auch nicht ganz frei von unseren Automatismen:

- **Automatische Überzeugungen und Lebenseinstellungen können sich in der Vision widerspiegeln.** Wer beispielsweise den Automatismus in sich trägt, immerzu für andere Menschen sorgen zu müssen, der stellt sich die Zukunft dementsprechend vor.
- **Automatische Entscheidungen und Handlungen können die Realisation einer Vision boykottieren.** Wer unter Angst und Selbstzweifel leidet, der kann noch so schöne Visionen kreieren. Solange er seine hinderlichen Automatismen nicht ablegt, wird er sie nicht erreichen.

- **Oder Automatismen können im Widerspruch mit der Vision stehen.** Wer sich beispielsweise einen gesunden Lebensstil visioniert, aber gleichzeitig den Automatismus in sich trägt, dass er sich entsprechend den Wünschen seines Partners verhält, der jedoch nichts von einem gesunden Lebensstil wissen will, dem wird es schwerfallen, seine Vision zu realisieren.

Visionen entstehen zwar durch Nachdenken und sind somit ein bewusstes Produkt, im Gegensatz zu den vielen automatischen Gedanken und Entscheidungen, die unser tägliches Handeln bestimmen. Allerdings sind sie nicht komplett frei von automatischen Mustern.

Die Vision eines Narzissten wird anders aussehen als die einer Person mit einem gesunden Verhältnis zu sich selbst. Narzissmus geht laut einer Studie häufig mit geringem Selbstwertgefühl einher. Um dieses zu kompensieren, investieren Betroffene viel, damit sie gut dastehen.[15] Eine Vision eines Narzissten ist somit davon geprägt, wie er auf andere wirken möchte. Das ist natürlich nur ein Beispiel. Genauso kann die automatische Überzeugung, ein Versager zu sein, dazu führen, dass man mit seiner Vision weit unterhalb seiner tatsächlichen Möglichkeiten bleibt.

Damit eine Vision Realität wird

Wenn man sich automatischer Muster nicht bewusst wird, ist die Gefahr groß, dass eine Vision ewig Vision bleibt. Denn unsere automatischen Gedanken, Entscheidungen und Handlungen scheren sich nicht um ausformulierte Aktionspläne. Die automatischen Gedanken und Entscheidungen halten uns in dem Leben fest, welches wir bereits führen. Die Vision ist das Ergebnis bewussten Nachdenkens. Die täglichen Handlungen sollten darauf ausgerichtet sein. Sind sie aber meistens nicht, denn sie sind größtenteils das Ergebnis automatischer Gedanken und Entscheidungen. Damit eine Vision Realität wird, muss man sich daher um beides kümmern: Um die Vision und das Verändern automatischer Entscheidungen und Handlungen.

Innere Widersprüche erkennen

Selbst einige Überzeugungen können einem das Leben schwermachen, wenn sie im Widerspruch zu den Visionen stehen. So etwas kommt häufiger vor, als man glauben sollte. Ich habe letztens in einem Café einem Gespräch am Nachbartisch zugehört. Da sagte eine Frau zu einer anderen: »Reich werden nur die, die egoistisch auf ihre Vorteile achten.« Die Frau sah nicht besonders wohlhabend aus. Ich dachte mir: »Oje!« Wenn diese Frau gerne mehr Geld verdienen würde, wird das mit dieser Überzeugung schwierig. Denn sobald sie reich wäre, würde sie zu den Egoisten gehören, die nur auf ihre Vorteile achten. Das will sie bestimmt nicht. Daher wird sie wahrscheinlich nie reich. Vielleicht ist sie mit den finanziellen Möglichkeiten, die sie hat, zufrieden. Dann würde ihre Annahme ihr nicht im Weg stehen – zumindest nicht auf den ersten Blick. Angenommen, sie hätte ein gutes Bild von Reichen. Sie würde selbst reich und würde mit dem Geld vielen Menschen zu Bildung und Gesundheit verhelfen. Eigene Überzeugungen können einem somit ein Beinchen stellen. Daher ist es sinnvoll, sie sich systematisch zu vergegenwärtigen.

Praxis: Stimmen meine Überzeugungen mit meiner Vision überein?

- Was sind meine Ziele?
- Welche Überzeugungen helfen mir, diese Ziele zu erreichen?
- Habe ich Überzeugungen, die meinen Zielen im Weg stehen?

Visionen bewusst wählen

Alle Menschen wollen glücklich sein oder glücklich werden, davon gehe ich aus. Visionen sind häufig an Glücksgefühle gekoppelt. Man hofft, dass man zufrieden ist, wenn die Wünsche in Erfüllung gegangen sind. Hierin besteht ein Problem. Wenn wir unsere Ziele erreichen, sind wir zwar meist für einen kurzen Moment glücklich, doch dann verfliegt das Glück wieder. Dann suchen wir uns neue Ziele, und das Spiel beginnt wieder von vorn. Irgendwann sind wir alt, und viele Ziele haben keinen Sinn mehr. Einige denken dann, sie hätten andere Ziele im Leben verfolgen müssen. Man denkt eventuell, man hätte weniger arbeiten und mehr Zeit mit der Familie verbringen sollen. Oder mehr reisen, oder, oder. Doch man kann die Zeit nicht zurückdrehen. In dem Gedanken, »man hätte andere Ziele verfolgen sollen«, steckt etwas Wahres. Jedoch in etwas anderer Form, als die meisten es erwarten. Weder Familienzeit noch Geld, Reisen oder soziales Engagement garantieren dauerhaftes Glück. Meditation und Achtsamkeit hingegen erhöhen die Zufriedenheit, unabhängig von äußeren Faktoren. Achtsamkeit und Meditation geben einem Zuversicht. Egal, was passiert, man fühlt sich den Herausforderungen gewachsen. Das ist eine viel wertvollere Art von Glück als jene, die durch Erfolge oder andere Aktivitäten entsteht.

Visionen möglichst frei gestalten

Durch Meditation und Achtsamkeit werden automatisch ablaufende Gedanken und Handlungen auf Dauer ins Bewusstsein gehoben. Dadurch wird deutlich, warum einem bestimmte Ziele wichtig sind. Dient ein Ziel nur dazu, von anderen Menschen Beachtung zu erlangen? Oder dient das Ziel dazu, dass man selbst und andere ein besseres Leben führen? Anschließend kann man sich frei entscheiden, ob man das Ziel weiterhin verfolgen möchte oder nicht. Wie man sich in Meditation und Achtsamkeit übt, werde ich im dritten Kapitel erläutern. Neben Meditation und Achtsamkeit helfen kritische Selbstfragen beim Entdecken von Automatismen. Um einen möglichst objektiven Blick auf die eigene Vision zu erhalten, kann man auch Freunde und Bekannte um Unterstützung bitten. Man kann ihnen die Vision vorstellen und sie um ein Feedback bitten. Für wie realistisch halten sie die Ziele? Was glauben sie, was einen motiviert? Prestige? Der Wunsch, die Welt zu verbessern? Lust auf Herausforderungen und Unbekanntes? Freunde und Bekannte haben meist einen objektiveren Blick als man selbst, den man nutzen sollte. Natürlich muss man danach nicht die Vision den Vorstellungen der anderen anpassen. Hält ein Freund beispielsweise die beschriebenen beruflichen und privaten Ziele für verrückt, kann man trotzdem an seinen Plänen festhalten. Die Reaktion des Freundes kann einem jedoch wertvolle Hinweise geben. Vielleicht ist der Zeitplan zu eng gesteckt, oder man kann seine Wünsche nur mit sehr großer Anstrengung verwirklichen.

Obwohl eine Vision nicht komplett frei von automatischen Gedanken und Handlungen ist, brauchen wir sie. Sie lässt zielgerichtete Entscheidungen überhaupt erst entstehen.

Praxis: Visionen für Gefühle und Ziele

Damit man nicht enttäuscht wird, weil das Glück nicht ewig hält, wenn die Vision zur Wirklichkeit geworden ist, sollte man sie in zwei Teilbereiche unterteilen.

1. Folgendermaßen möchte ich mich fühlen, egal was in meinem Leben passiert: ....
2. Folgende äußere Erfolge möchte ich erzielen: ....

Die Unterteilung in diese beiden Bereiche hilft, den größten Fehler, den die meisten bezüglich ihrer Vision machen, zu umgehen. Den Fehler zu denken, dass uns Erfolge, Tätigkeiten und materielle Güter dauerhaftes Glück bescheren. Sie tragen zum Glück bei, aber sie sind letztlich nicht ausschlaggebend dafür, wie wir uns täglich fühlen. Wie man sich täglich fühlt, hängt vielmehr davon ab, wie bewusst man Gedanken und Gefühle wahrnimmt, wie gelassen man auf herausfordernde Situationen reagiert und letztlich davon, ob man Gefühle frei wählen kann. Das alles kann man lernen, ich werde im nächsten Kapitel zeigen, was man dazu tun muss.

Wenn Erfolg zur Hölle wird

Der Vater eines guten Freundes von mir ist sehr wohlhabend. Man könnte annehmen, er hat alles erreicht. Aber er ist voller Angst. Er hat Angst um seinen Wohlstand und Angst vor einem Herzinfarkt, weil er ständig gestresst ist. Das ist kein glückliches Leben. Er hat zwar seine Vision des Reichtums realisiert, aber er hat nicht gelernt, innerlich zu wachsen. Es ist absurd, denn letztlich macht ihn sein Reichtum unglücklich. Er hat mehr Angst davor, ihn zu verlieren, als dass er ihn genießen kann. Hätte er sich neben dem Ziel, reich zu werden, zur Aufgabe gesetzt, jede Herausforderung als Chance zum Persönlichkeitswachstum zu sehen, würde es ihm anders gehen. Er wüsste, er könnte etwas Wertvolles lernen, falls er seinen Wohlstand verlieren würde. Diese Wachstumschance würde ihn glücklich machen. Das ist wirkliches Glück und echte Freiheit.

Souveränität ist das, was wirklich zählt

Das Gegenbeispiel zum Vater meines Freundes ist eine Frau, die das Berliner Kulturleben mitprägte. Irene Moessinger erbte 800 000 DM und gründete damit 1980 das Tempodrom, ein Veranstaltungszelt, das erst am Potsdamer Platz stand, später im Berliner Tiergarten. 1995 wurde aus dem Zelt ein imposantes Gebäude am Anhalter Bahnhof. Den Bau konnte Irene Moessinger nicht allein tragen und kooperierte mit einem Investor. Konzerte und andere Veranstaltungen im Tempodrom waren gut besucht, das Projekt warf Gewinne ab. Aber der Investor und Haupteigentümer meldete Zahlungsunfähigkeit an. Irene Moessinger hatte Bürgschaft für ihn hinterlegt, die damit fällig wurde. Die Summen waren zu groß, das konnte sie nicht tragen. Aber nicht nur das, gegen sie wurde sogar wegen Untreue ermittelt und in der Presse scharf über sie berichtet. Der Prozess endete letztlich mit einem Freispruch. Irene Moessinger konnte die Ungeheuerlichkeiten, die in ihr Leben brachen, mit innerem Abstand betrachten. Sie sagt, das habe sie vor dem Zusammenbruch gerettet und sie überleben lassen. Einige Jahre lebte sie daraufhin zurückgezogen von Arbeitslosengeld II. In ihrer Biografie schreibt sie, sie habe während dieser Zeit oft Dankbarkeit für die Schönheit dieses Lebens gespürt. Mit 60 Jahren, in einem Alter, in dem sich die meisten auf die Rente vorbereiten, tauchte sie wieder auf, mit einem therapeutischen Konzept mit Pferden, das insbesondere Kinder und Jugendliche unterstützt.[16]

Persönlichkeitsentwicklung ist Glücksgarant

Das Beispiel von Irene Moessinger zeigt, selbst wenn man beruflich alles erreicht hat, wenn der jährliche Urlaub jedes Mal ein Abenteuer ist und die Kinder zufrieden heranwachsen, ist niemand vor schwerwiegenden Veränderungen gefeit. Wir werden alle erleben, wie unsere Eltern, Freunde, Partner oder vielleicht sogar Kinder sterben. Es können Kriege oder Umweltkatastrophen über uns hereinbrechen oder Pandemien, wie wir erfahren haben. Daher ist es sinnvoll, sich in der Vision nicht nur auf Äußeres zu konzentrieren, darauf, was man beruflich und privat erreichen will. Vor allem sollte man überlegen, wie man sich innerlich entwickeln möchte, damit man sich den Herausforderungen des Lebens gewachsen fühlt. Das sieht natürlich niemand von außen, das ist jedoch meiner Ansicht nach der größere Garant für Glück.

Auf den Punkt gebracht:
Lebensgenies sind innerlich stark

Was hilft es, wenn man reich und einflussreich ist, aber an einem Ehekonflikt zerbricht? Wer wirklich glücklich sein will, muss als Persönlichkeit wachsen und vor Herausforderungen die Angst verlieren.

Beide Aspekte einer Vision, die sich auf das innere Wachstum beziehen, und die äußeren Erfolge, sollte man sich so lebhaft wie möglich vorstellen. Wenn man beispielsweise ein Haus bauen möchte, stellt man sich jeden Raum vor. Bevor das Haus existiert, schaut man bereits aus den Fenstern. Man fühlt den Fußboden im Wohnzimmer unter den Füßen, schläft in Gedanken bereits im Schlafzimmer. Spielt mit den Kindern in ihrem Zimmer, spürt das Wasser in der Badewanne und riecht den Badeschaum. Genauso kann man hinsichtlich beruflicher Ziele vorgehen. In Gedanken steht man morgens auf und bereitet sich auf den Tag vor. Man stellt sich seine Tätigkeiten und sein Arbeitsumfeld vor. Man visioniert, wie man sich fühlt, wenn man seiner Tätigkeit nachgeht. Im Detail führt man sich vor Augen, mit welchen Menschen man zu tun hat. Außerdem stellt man sich vor, wie lange man täglich arbeiten möchte und welche weiteren Aspekte des Lebens wichtig sind. Ebenso kann man sich vorstellen, wie man reagieren wird, wenn die Partnerin oder der Partner stirbt. Wenn diese Gedanken Angst machen, fühlt man sie. Dann visioniert man weiter: Wie wird man sich fühlen, was wird einem helfen, den Schmerz zu überwinden? Genauso kann man sich innerlich auf andere Herausforderungen vorbereiten, wie Unfälle oder finanzielle Verluste. Dabei ist es jedoch wichtig, die Angst, die eventuell entsteht, zwar zu spüren, aber ihr nicht zu viel Beachtung zu schenken. Die Überlegungen sollten auf jeden Fall immer damit abschließen, dass man die Herausforderung bewältigt. Das sollte zu einem positiven, zuversichtlichen Gefühl führen. Ich würde jedoch nicht zu viel Zeit mit den Visionen der Kategorie »Herausforderungen bewältigen« verbringen. Denn worauf wir unsere Gedanken richten, prägt unser Leben. Den Schwerpunkt sollten daher die positiven Visionen bilden.

Gefühle bewusst nutzen

Gedanken führen zu Gefühlen, und diese wirken bei Entscheidungen und Handlungen mit. Das kann man bewusst nutzen. Wenn man an seine Wünsche denkt, wählt man bewusst das Gefühl aus, was man später spüren möchte, wenn die Vision Realität ist. Das sollte man häufig wiederholen, denn dann speichert das Gehirn diese Gefühle ab. Sie werden Teil des Automatismus. Unsere darauffolgenden Entscheidungen und Handlungen werden dann von den zuvor bewusst gewählten Gefühlen mitbestimmt. Nehmen wir wieder den Bau oder Kauf eines Hauses. Für viele Menschen ist das eine ihrer größten Investitionen des Lebens. Das kann Ängste auslösen. Diese Ängste beeinflussen das Denken. Vorschnell werden Entscheidungen getroffen, die später zur Kostenexplosion führen können. Wenn man sich jedoch im Vorfeld ein positives Gefühl einpflanzt, dann muss man natürlich immer noch Entscheidungen mit großer Tragweite treffen, aber man trifft sie mithilfe des zuvor bewusst gewählten guten Gefühls und nicht mit Angst.

Praxis: Visionen entwickeln

Visionen müssen in sich schlüssig sein. Es reicht nicht, eine glückliche Familie in einem schönen Haus vor Augen zu haben. Man muss auch eine Vorstellung davon haben, wie genau einem die guten Beziehungen zur Frau oder zum Mann und den Kindern gelingt. Man muss eine Idee davon haben, wie man das Geld für das Haus verdienen wird. Am besten ist es daher, wenn man sich den Alltag in seinem Wunschleben vorstellt. Dafür sollte man sich selbst möglichst viele Fragen beantworten. Beispielsweise:

- Will ich eine Familie haben?
- Welche Rollen möchte ich in der Familie einnehmen?
- Wie viel Zeit möchte ich mit meiner Partnerin oder meinem Partner und den Kindern verbringen und vor allem, was soll währenddessen passieren?
- Wie möchte ich mein Geld verdienen?
- Wie viel Zeit möchte ich dafür aufbringen?
- Was möchte ich beruflich erreichen?
- Wo und wie möchte ich wohnen?

- Wann stehe ich auf?
- Wann treibe ich Sport?
- Wann und wie lange meditiere ich?
- Welche zusätzlichen Aktivitäten sind mir wichtig?
- Wie genau sieht ein Tag in meinem Wunschleben aus?

Die meisten Visionen werden sich auf viele Lebensbereiche beziehen. Doch haben sie alle die gleiche Wichtigkeit? Um das zu überprüfen, kann man folgendes Experiment durchführen: Man stellt sich vor, man hätte nur noch ein Jahr zu leben.

- Welche Aspekte der Vision wären weiterhin wichtig?
- Was würde wegfallen?
- Was würde hinzukommen?

Dieses dient natürlich nur als Orientierung für die Wichtigkeit und nicht als absolutes Kriterium. Vielleicht realisiert man mithilfe dieses Experiments, dass man sich mit einigen Menschen aussprechen sollte oder dass man etwas, was man immer wieder auf die lange Bank geschoben hat, endlich organisiert. An langfristigen Projekten sollte man natürlich trotzdem festhalten, schließlich will man ja nicht innerhalb des nächsten Jahres sterben. Allerdings können sich die Prioritäten der unterschiedlichen Bereiche der Vision durch das Gedankenexperiment verändern.

Neben dem Erstellen positiver Visionen sollte man im Geiste auch mögliche Herausforderungen durchspielen. Beispielsweise:

- Wie will man sich fühlen, wenn man sein Ziel oder Teilziele nicht erreicht?
- Wovor hat man am meisten Angst? Dann stellt man sich vor, wie man die angstbringenden Situationen meistert: Krankheit, finanzielle Verluste, Sterbefälle, Trauer.

Visionen herunterbrechen

Nachdem man die Vision seines Wunschlebens erstellt hat, sollte man überlegen, wie man sie erreicht. Je nachdem wie groß eine Vision ist, muss man sie auf Jahrzehnte, Jahre und Monate herunterbrechen. Dabei ist es ratsam, immer beide Aspekte der Vision zu berücksichtigen: Wie möchte man sich fühlen, egal was passiert, und welche äußeren Ziele möchte man erreichen. Im nächsten Schritt überlegt man, was man tun muss, um die Vision zu verwirklichen.

Damit die Vision nicht nur eine Vision bleibt, muss man lernen, die täglichen Entscheidungen und Handlungen der Vision entsprechend auszurichten. Man sollte sich im Detail vorstellen, wie man den Tag gestalten muss, damit die Vision Wirklichkeit wird. Natürlich kann man nicht alles beeinflussen, was einem auf dem Weg zwischen der ersten Vision und der Realisation passiert. Wenn etwas Unerwartetes auftaucht, muss man die Vision anpassen. Unter Berücksichtigung der neuen Begebenheiten überlegt man aufs Neue, wie man täglich entscheiden und handeln muss, damit die Vision zur Realität wird. Manchmal wird man auch danebenliegen, dann denkt man, dass bestimmte Entscheidungen und Handlungen einen näher ans Ziel bringen, bemerkt jedoch, dass sie es nicht tun. Dann muss man aufs Neue darüber nachdenken, welche Entscheidungen und Handlungen nötig sind, damit man sein Ziel erreicht. Klare Bilder einer eindeutigen Tagesstruktur helfen, die wesentlichen Schritte in die richtige Richtung zu gehen. Alles andere ist dann Feinjustierung. Das möchte ich an zwei Beispielen verdeutlichen.

Ziele erreichen mit Mini-Visionen

Das erste handelt von einem stark übergewichtigen Mann. Er möchte Normalgewicht erlangen, und zwar innerhalb eines halben Jahres. Er weiß, wie viel Kilogramm er pro Monat abnehmen muss, damit er sein Ziel erreicht. Er weiß auch, dass er hierzu sämtliche Kohlenhydrate streichen und sich mehr bewegen muss. Er stellt sich vor, dass er mit dem Walken beginnt. Damit er sein Ziel erreicht, stellt er sich seinen neuen Tagesablauf im Detail vor. Er stellt sich seine Walking-Strecke vor, er weiß genau, zu welcher Uhrzeit er walken gehen wird, er stellt sich genau vor, was er wann essen wird. Und dann setzt er genau das um, was er zuvor visualisierte. Nach drei Monaten stellt er jedoch fest, dass er weniger abgenommen hat, als er erwartete. Es reicht nicht, wenn er in dieser Situation sein Ziel weiter visualisiert. Er muss neu überlegen und planen. Fehlen ihm vielleicht wichtige Nährstoffe, sodass sein Stoffwechsel nicht ausreichend in die Fettverbrennung umschalten kann? Was isst er weiterhin, was Fett ansetzt? Muss er intensiver Sport treiben? Dann erstellt er eine neue Vision. Bislang hatte er drei Bier pro Woche getrunken, da es ihm schwerfiel, sich neben den Kohlenhydraten auch vom Bier zu verabschieden. Das Bier streicht er in seiner Vorstellung nun ebenfalls. Außerdem visualisiert er, wie er laufen gehen wird, anstatt zu walken. Außerdem stellt er sich intensiv vor, sich endlich körperlich leicht zu fühlen. In seiner Vorstellung nimmt er zwei Treppenstufen auf einmal und gerät dabei nicht außer Atem, er stellt sich vor, wie er hüpft und springt, wie er es als Kind getan hat. Auch stellt er sich vor, wie er sich leicht im Bett umdrehen kann, und jede Schlafposition fühlt sich an, als ob er fast auf der Matratze schweben würde. Nach der Vorstellung setzt er seinen neuen Plan in die Tat um. Er nimmt sich jeden Morgen einige Minuten Zeit, sich seinen Tag mit Laufen und gesundem Essen im Detail vorzustellen. Diese Mini-Visionen helfen ihm, endlich so zu handeln, wie er es sich bewusst vorgenommen hat.

Mit Visionen Kunden gewinnen

Das zweite Beispiel handelt von einer Frau, die sich selbstständig machen möchte. Sie hat ein klares Bild davon, welchen Service sie anbieten wird und worin der Mehrwert ihres Angebotes besteht. Sie will innerhalb von drei Jahren mit ihrer Geschäftsidee ein überdurchschnittliches

Einkommen erzielen. Sie hat sich einen Businessplan erarbeitet und weiß, welche Ziele sie zu welchem Zeitpunkt erreicht haben möchte. Sie weiß, wie viel Zeit sie täglich in ihre neue Tätigkeit investieren kann. Sie stellt sich vor, wie sie ihre Website aufbaut, über welche Kanäle sie die ersten Kunden akquiriert. Nach einem halben Jahr hat sie aber immer noch keinen einzigen Kunden. Dann muss sie wieder aufs Neue überlegen und visionieren. Wenn sie sich beispielsweise in Kundengesprächen bislang unsicher fühlte und glaubte, dass sich einige Kunden deshalb gegen ihr Angebot entschieden haben, kann sie mit Vision daran arbeiten. Sie kann sich vorstellen, wie sie auf schwierige Fragen besonnen antwortet. Weiterhin wird es helfen, wenn sie in Gedanken bereits Kunden für ihr Angebot gewonnen hat. Aufgrund der Visionen wird sie in Zukunft sicherer auftreten.

Der Tag beginnt mit einer Tages-Vision

Damit nicht mehr automatische Entscheidungen und Handlungen darüber bestimmen, was man an einem Tag erledigt und was nicht, ist es sinnvoll, sich am Morgen den Verlauf des Tages vorzustellen. Die Mini-Vision sollte alles beinhalten, was wichtig ist. Aufgaben, die zum Erreichen der äußeren Ziele erledigt werden müssen, aber auch Zeiten, in denen man sich in Achtsamkeit übt, um inneren Frieden zu erreichen, der von äußeren Ereignissen unabhängig ist. Wenn man es sich zum Ziel setzt, täglich qualitativ hochwertige Zeit mit der Familie zu verbringen, dann sollte man sich vorstellen, was das genau bedeutet. Sitzt man vielleicht zusammen beim Abendessen und jeder berichtet von den Erfolgen des Tages? Das Bild, welches man sich am Morgen macht, sollte möglichst viele Aspekte beinhalten, die dazu beitragen, dass die Vision Realität wird.

Vor jeder Aufgabe: zuerst die Vision

Visionen funktionieren sogar bei noch kleineren zeitlichen Einheiten. Bevor ich mit einer neuen Tätigkeit beginne, stelle ich mir häufig vor, wie ich sie ausführen werde. Das kann sich auf ein Telefonat beziehen oder auf ein Meeting. Selbst wenn ich mich hinsetze, um neue News für die *forever young*-Webseite zu schreiben oder weitere Absätze für dieses Buch, stelle ich mir zunächst vor, wie ich an meinem Schreibtisch sitze und tippe. Ich durchdenke Argumentationsschritte und Hauptaussagen. Und ich setze mir ein klares zeitliches und inhaltliches Ziel. Diese Kurzvisionen benötigen kaum Zeit. Ich nutze selbst kleine Pausen, in denen ich eine Tasse Kaffee oder einen Proteinshake trinke, um mir die nächsten Tätigkeiten vorzustellen.

Mit Mini-Visionen große Ziele erreichen

Mithilfe des Visionierens entmachtet man automatische Entscheidungen und Handlungen. Denn das klare Bild der nächsten Stunden ist das Produkt bewussten Nachdenkens. Handelt man dann im Widerspruch zur Mini-Vision, klingeln interne Alarmglocken. Führt man beispielsweise nebensächlich Erledigungen durch, obwohl man sich morgens vorgestellt hat, eine Stunde in die Steuererklärung zu investieren, ist etwas faul. Dann sind wahrscheinlich automatische Entscheidungen und Handlungen am Werk, die einen vom Weg abbringen. Wer täglich mit Mini-Visionen arbeitet, der wird immer schneller hinderliche automatische Entscheidungen erkennen und diese nicht mehr ausagieren.

Natürlich können sich die Umstände zwischen dem Zeitpunkt der Mini-Vision und dem Beginn der visionierten Handlung verändern. Dann ist es vielleicht nicht mehr angebracht, in zuvor vorgestellter Weise zu handeln. Diese Veränderung beruht dann jedoch ebenfalls auf einer bewussten Entscheidung und entzieht sich somit den automatischen Abläufen, die sonst das Verhalten steuern. Tägliche Mini-Visionen helfen sogar bei der gesunden Ernährung. Wenn ich mir morgens genau vorstelle, dass ich ausschließlich Gemüse, Fleisch und

Proteinshakes zu mir nehmen werde, erzeuge ich klare Bilder. Stehe ich dann in der Mittagspause beim Bäcker, wird sich die Vision des Morgens wie von allein ins Bewusstsein drängen. Sollte ich dann in Erwägung ziehen, eine Leberkässemmel zu kaufen, erscheinen die Bilder des Morgens wieder. Sie weisen einen auf die Diskrepanz zwischen Vision und potenzieller Handlung hin. Dadurch entsteht ein interessanter Moment, in dem man seine automatischen Entscheidungen, die einen zum Bäcker geführt haben, noch einmal überdenken kann. In dieser Form kann man mit vielen kleinen Einzelvisionen das Leben, von dem man träumt, in die Tat umsetzen.

Auf den Punkt gebracht: Je kleinteiliger die Vision, umso wirkungsvoller

Nicht große Visionen verändern das Leben, sondern tägliche Handlungen. Wer sich genau vorstellt, wie sein tägliches Leben aussehen muss, damit er seine großen Ziele erreicht, wird es schaffen.

Die Häufigkeit macht's

Visionen zeigen besonders gute Wirkungen, wenn man sie häufig wiederholt. Im Leistungssport ist das Arbeiten mit Visionen etabliert. Hochspringerinnen stellen sich vor einem Sprung zunächst vor, wie sie die Latte überspringen. Dann nehmen sie Anlauf und tun es. Haben sie beim Anlauf hingegen die kleinsten Zweifel, nimmt die Wahrscheinlichkeit, dass sie die Latte überspringen, erheblich ab.

Gut zu wissen: Visionen aktivieren das Gehirn

Visionieren funktioniert, weil während der Vorstellung die gleichen Neuronen aktiv sind wie während der tatsächlichen Ausführung.

Daher kann man in der U-Bahn oder beim Autofahren Hochsprung trainieren. Das Visionieren sportlicher Abläufe ist relativ einfach, da es sich um einen begrenzten Bewegungsablauf handelt. Trotzdem, was Leistungssportler an ihre Ziele bringt, hilft jedem. Obwohl die Vision des Wunschlebens komplexer ist als die eines Bewegungsablaufs, hilft sie. Denn in der Vorstellung ist man bereits die Person, die man in Zukunft sein möchte. In seiner Vorstellung verhält man sich bereits anders, trifft andere Entscheidungen und wirkt auch anders auf seine Mitmenschen. Das alles trainiert das Gehirn, sich eines Tages tatsächlich in dieser Art zu verhalten. Mit jeder Wiederholung der Vision werden mögliche zukünftige Entscheidungen und Verhaltensweisen gefestigt. Daher ist es gut, möglichst viel und intensiv zu visionieren.

Visionen verändern die Wahrnehmung

Das Visionieren trägt nicht nur dazu bei, die Grundsteine für zukünftige, zielführende Entscheidungen zu stärken, es wirkt zudem auf ein spezielles System im Gehirn, und zwar das retikuläre Aktivierungssystem. Man kann es mit einem Filter vergleichen. Jede Sekunde nimmt der Mensch Millionen Sinneseindrücke auf. Das retikuläre Aktivierungssystem entscheidet daraufhin, was relevant ist und was nicht. Ohne dieses System wären wir mit der Informationsflut vollkommen überfordert. Was das retikuläre Aktivierungssystem als wichtig erachtet, hängt von vorherigen Lebenserfahrungen ab sowie von dem, womit man sich geistig beschäftigt.

Wenn man sich nun regelmäßig seine Wunschzukunft vorstellt, ist das für das Gehirn fast so, als ob es diese Zukunft bereits erleben würde. Die Erfahrungen, auch wenn es nur vorgestellte sind, wirken daraufhin auf das retikuläre Aktivierungssystem, wodurch sich die Prioritäten der Wahrnehmung verändern. Das möchte ich an einem Beispiel verdeutlichen: Angenommen, jemand hat eine Idee für eine Software, allerdings steht ihm nur wenig Kapital für die Programmierung zur Verfügung. Beiläufig scrollt er durch Facebook und Instagram, um zu sehen, was seine Freunde und die unzähligen, losen Bekannten so treiben. Plötzlich sieht er Posts eines ehemaligen Studienfreundes. Auf den Bildern ist er zusammen mit indischen Programmierern zu sehen. Normalerweise ist der Softwareentwickler an den Posts dieser Person nicht interessiert, aber dieses Bild erweckt seine Aufmerksamkeit. Nachdem er das Bild gesehen hat, denkt er darüber nach, selbst mit indischen Programmierern zu arbeiten, was er vorher für ausgeschlossen hielt. Wenn es dieser Bekannte kann, warum sollte er es nicht auch können? Die Posts veränderten somit seine Einstellung. Doch die Bilder hätten überhaupt nicht seine Aufmerksamkeit erregt, wenn er sich im Geiste nicht bereits vorgestellt hätte, dass er für seine Idee günstige Programmierer braucht. Auf diese Weise wirken sich Visionen auf das retikuläre Aktivierungssystem aus. Daraufhin verändert sich die Wahrnehmung. Das hilft, wertvolle Informationen aus dem Wust an Neuigkeiten und Nachrichten, die ständig auf einen hereinbrechen, herauszufiltern.[17]

3. Mit Meditation und Achtsamkeit konsequent handeln

Wir wissen jetzt, warum wir einige unserer bisherigen Ziele nicht erreicht haben oder gar keine Ziele verfolgen – warum wir wahrscheinlich eher zu den Normalen und nicht zu den Genialen zählen. Es liegt an den automatischen Entscheidungen und Handlungen, die unser tägliches Leben bestimmen. Könnten wir bewusst entscheiden und handeln, würden wir hingegen einerseits Ziele haben und andererseits unseren Zielen täglich näherkommen. Wir wären genial.

Um sich von normal zu genial zu entwickeln muss man daher lernen, automatische Entscheidungen und Handlungen zunächst wahrzunehmen und dann umzuprogrammieren. Um Automatismen im ersten Schritt zu erkennen, hilft die Vergegenwärtigung der eigenen Werte. In allen Momenten, in denen man gegen seine Werte handelt, übernehmen hinderliche automatische Entscheidungen. Sei es ein Streit, obwohl man in Frieden leben möchte, oder das Aufschieben wichtiger Aufgaben, obwohl Erfolg einen hohen Wert einnimmt. Nachdem man im ersten Schritt automatische Entscheidungen und Handlungen auf diese Weise erkennt, sollte man sich darüber klar werden, wie hingegen konsequente Entscheidungen und Handlungen aussehen. Um konsequent handeln zu können, brauchen wir jedoch immer ein Ziel. Das ist logisch, denn wenn wir nicht wissen, auf welche Ziele wir zusteuern, haben wir keinen Anhaltspunkt, ob unsere Handlungen konsequent sind oder nicht. Daher sind Zukunftsvisionen essenziell. Sie stellen den zweiten Schritt dar.

Im dritten Schritt muss man lernen, automatische Entscheidungen und Handlungen so zu verändern, dass sie in Einklang mit den persönlichen Werten und Zielen stehen. Dieses ist möglich, wenn Entscheidungen und Handlungen, die zuvor automatisch abgelaufen sind, als solche erkannt werden.

Konsequent durch Meditation und Achtsamkeit

Automatische Entscheidungen und Handlungen entstehen nicht aus dem Nichts, sie beruhen – vereinfacht betrachtet – auf unbewussten oder teilweise unbewussten Gedanken und Gefühlen. Mithilfe von Achtsamkeit und Meditation werden sie erkennbar. Wenn sie bewusst sind, kann man den Automatismus unterbrechen. Dann kann man sich frei entscheiden, wie man handeln möchte.

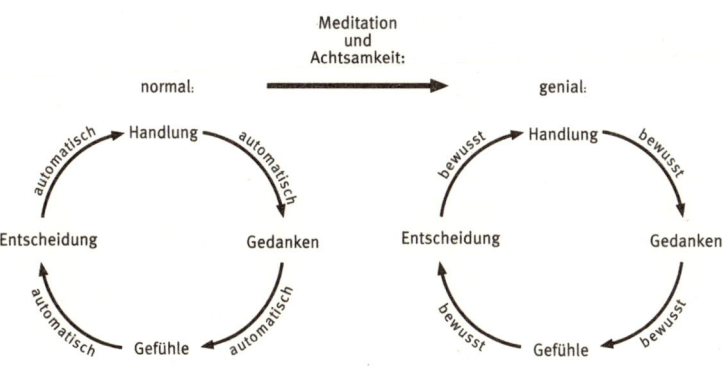

Abbildung 1: Das Gefüge aus Gedanken, Gefühlen, Entscheidungen und Handlungen. Normalerweise läuft der Prozess größtenteils automatisch ab. Durch Achtsamkeit und Meditation werden die verschiedenen Schritte bewusst.

Mit der einmaligen freien Entscheidung und Handlung ist es jedoch nicht getan. Ziele erreicht man meist erst, wenn die bewussten Entscheidungen und Handlungen zu einem neuen Automatismus werden. Im Gegensatz zu dem vorherigen Automatismus steht dieser jedoch in Einklang mit den Zielen. Er bildet sich, wenn die neuen, bewussten Entscheidungen und Handlungen häufig wiederholt werden.

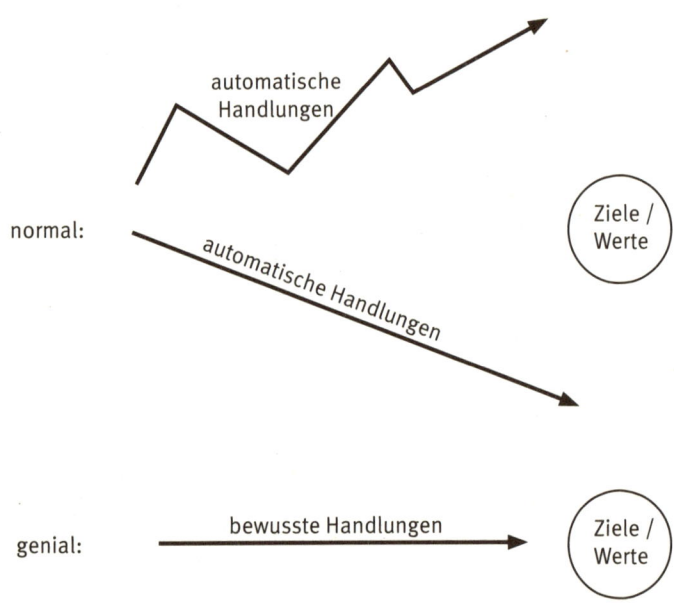

Abbildung 2: Laufen Handlungen automatisch ab, verfehlen sie häufig das Ziel oder entsprechen nicht den Wertvorstellungen. Denn Ziele und Werte sind das Ergebnis bewussten Nachdenkens. Bewusste Handlungen sind hingegen zielgerichtet.

Im Folgenden werde ich zeigen, wie Meditation und Achtsamkeit zu konsequentem Handeln führen. Außerdem werde ich weitere Techniken beschreiben, die konsequentes Handeln unterstützen.

Sich umprogrammieren

Das Gehirn ist immer versucht, möglichst effizient zu arbeiten, und wiederholt gerne das, was es schon immer getan hat. Daher kostet es zunächst etwas Anstrengung, sich gegen bisherige automatische Entscheidungen und Handlungen zu stellen. Das Bestreben des Gehirns, möglichst effizient zu arbeiten, bringt allerdings auch einen Vorteil: Nach einiger Zeit werden aus den anstrengenden bewussten Entscheidungen und Handlungen neue Automatismen, die dann jedoch im Einklang mit persönlichen Werten und Zielen stehen. Man hat sich umprogrammiert.

Programminstallation: Läufer werden

Verdeutlichen möchte ich das am Laufen. Angenommen, jemand empfindet den Ausdauersport als anstrengend und langweilig. Gleichzeitig ist ihm aber seine Gesundheit sehr wichtig, und er weiß, wie unterstützend Ausdauersport für ein gesundes Leben ist. Im ersten Schritt wird er die Diskrepanz zwischen dem Wert, den er dem Laufen zuschreibt, und seinen Gefühlen bewusst wahrnehmen. Er nimmt sich vor, sich von ihnen nicht mehr leiten zu lassen. Daraufhin verändert er seine Gefühle, indem er Gegenargumente anbringt. Er möchte den Glücksrausch erfahren, von dem viele, die laufen, berichten. Außerdem ist er sich bewusst, dass er das Laufen nur als langweilig empfindet, weil er sich innerlich immer wieder sagt, dass es langweilig ist. Er will sich in Zukunft diesen Gedanken nicht mehr erlauben. Stattdessen will er die Zeit während des Laufens zum Visualisieren seines Wunschlebens nutzen. Täglich muss er sich mit diesen beiden Argumenten zum Laufen überzeugen. Er trifft die Entscheidung bewusst, und sie ist anstrengend. Doch es funktioniert. Nach etwa drei Monaten denkt er nicht mehr darüber nach, ob er laufen gehen soll oder nicht. Er freut sich täglich auf seine Runde durch den Wald. Die Entscheidung und die Handlung haben sich automatisiert. Die Gefühle, Laufen sei anstrengend und langweilig, sind verschwunden. Stattdessen assoziiert sein Gehirn mit dem Gedanken, laufen zu gehen, automatisch das wohltuende Körpergefühl. Dieses Gefühl führt dazu, dass er gar keine Wahl mehr treffen muss – er möchte laufen. An Tagen, an denen er nicht laufen kann, generiert sein Gehirn sogar das Gefühl von Enttäuschung und Verlust. So hat sich ein neuer Automatismus gebildet, er hat sein Verhalten umprogrammiert.

Neue Programme brauchen tägliche Anwendung

Zum Umprogrammieren brauchen wir nicht nur einen neuen Programmcode, den wir bewusst wählen, sondern die tägliche Anwendung. Dadurch wird das bewusst gewählte Programm zur neuen Standardeinstellung für zukünftige Entscheidungen und Handlungen.

Neue Automatismen kann man in allen Bereichen, in denen man bislang im Leben unzufrieden war, erschaffen. Bis sie sich jedoch etablieren, braucht jede Entscheidung Aufmerksamkeit und Kraft. Aber es lohnt sich, denn wenn automatische Entscheidungen und Handlungen genau mit den persönlichen Zielen und Werten übereinstimmen, ist man auf der Überholspur. Dann macht das Leben Spaß und fühlt sich nicht mehr wie ein ständiger Kampf an. Jeder Tag ist leicht und voller Erfolge.

Gut zu wissen:
Verhalten ändert sich nachhaltig innerhalb von drei bis sechs Monaten

Die meisten Verhaltensänderungen werden zu neuen Automatismen, wenn man sie drei bis sechs Monate konsequent durchzieht. Bezogen auf das ganze Leben ist das nicht lang. Die Zeit kann jeder durchstehen! Danach ist das neue Verhalten eine Selbstverständlichkeit.

Konsequenz beginnt beim Fühlen

Automatische Entscheidungen und Handlungen entstehen nicht im leeren Raum, ihnen liegen Gedanken und Gefühle zugrunde. Vereinfacht kann man sagen, dass aus Gedanken Gefühle entstehen. Gefühle beeinflussen daraufhin Entscheidungen und Handlungen. Über Handlungen denkt man nach, diese Gedanken führen wieder zu Gefühlen, und sie beeinflussen die nächsten Entscheidungen. So wiederholt sich der Kreislauf aus Abbildung 1 aufs Neue. Leider laufen viele der Gedanken und Gefühle automatisch und unbewusst ab. Man bekommt sie nicht mit. Bewusst wird einem oft erst die Konsequenz einer Handlung.

Schluss damit: vom Stress zum Bier

Wenn man sich beispielsweise zum Abendessen das Bier aus dem Kühlschrank holt, obwohl man keines mehr trinken wollte, stellt sich die Frage, was der Auslöser dafür war. Oft ist es Stress. Denn Alkohol wirkt im ersten Moment entspannend. Das Unbewusste weiß das, so etwas ist dort abgespeichert. Doch woher kommt der Stress? Auch das bekommen viele nicht mit. Der wahre Grund von Stress ist meistens das Gedankenkarussell. Es dreht sich um die vielen Tätigkeiten des Tages. Doch sind einem die einzelnen Gedanken meist nicht bewusst. Bewusst wird einem nur, dass man mit dem Bier beim Abendessen sitzt, obwohl man keines mehr trinken wollte. Um konsequent handeln zu können, ist es daher wichtig, die gesamte Kette an Gefühlen und Gedanken wahrnehmen zu können. Wenn man sie wahrnimmt, kann man sich bewusst fragen, ob man sich von ihnen leiten lassen möchte oder nicht. Man kann sie auch bewusst ändern, damit unterbricht man die Kette aus Gedanken, Gefühlen, Entscheidungen und Handlungen.

Es gibt mehrere Möglichkeiten, mit denen man automatische Gedanken, Entscheidungen und Handlungen ins Bewusstsein heben kann. Zwei der wirkungsvollsten sind für mich Meditation und Achtsamkeitsübungen.

Gefühle durch Fühlen verändern

Eine Übung besteht darin, dass man sich immer wieder zwischendurch fragt, was man denkt und fühlt. Damit macht man sich Abläufe bewusst, die ansonsten im Verborgenen stattfinden. Sich diese Fragen zu stellen ist insbesondere in herausfordernden Situationen hilfreich. Lange Zeit wollte ich beispielsweise meine Aufregung vor Vorträgen nicht fühlen. Während meiner Zeit als Doktorand musste ich so einige halten, auf Konferenzen oder in unseren Seminaren, in denen wir den Fortschritt unserer Forschung vorstellen mussten. Wenn ich nervös bin, diese Nervosität aber nicht spüren möchte, dann drücke ich sie ins Unbewusste. Ich habe dann aber trotzdem einen roten Kopf, atme flach und schnell und schwitze. Und irgendwie ist mir auch klar, dass ich nervös bin. Als ich mich immer mehr mit Meditation und Achtsamkeit beschäftigte, habe ich angefangen, vor meinen Vorträgen kleine Selbstgespräche zu führen. Ich habe mich gefragt, was ich denke und wie ich mich fühle. Natürlich wusste ich die Antwort: In Gedanken stand ich bereits vorm Publikum und war nervös. Dann habe ich mir erlaubt, meine Nervosität voll und ganz zu spüren. Ich richtete meine Aufmerksamkeit auf meine Körperempfindungen, auf den schnellen, flachen Atem und die leicht feuchten Hände. Je länger ich meine Nervosität bewusst spürte, umso langsamer und ruhiger wurde mein Atem. Die Nervosität nahm sichtlich ab.

Kein Platz für Angstgedanken

Dabei passiert etwas Erstaunliches: Gefühle entstehen auf Grundlage von Gedanken.[18] Oft sind uns die Gedanken aber nicht oder nur teilweise bewusst. Wenn ich nun meine Gedanken auf meine Körperempfindungen lenke, kann das Gehirn nicht gleichzeitig andere Gedanken erzeugen. Fantasiegeschichten darüber, dass der Laptop sich nicht mit dem Beamer verbinden lässt, oder ich mich auf meinen Powerpoint-Folien nicht mehr orientieren kann, werden gestoppt. Denn das Gehirn ist nur in der Lage, einen Gedanken zu einem Zeitpunkt zu denken.

Wenn sich die Gedanken ums schlagende Herz drehen, verschwinden die angstmachenden Fantasiegeschichten, und schon wird man innerlich ruhiger.

Solange man noch keine routinierte Übung mit dieser Form der Achtsamkeit hat, werden die Gedanken nicht lange bei den Körperwahrnehmungen bleiben. Stattdessen werden sie hin und her springen. Erst beschäftigen sie sich mit dem roten Kopf, dann erzeugen sie wieder angstmachende Bilder. Beispielsweise wie man auf eine Frage aus dem Publikum nicht antworten kann. Wenn das passiert, sammele ich meine Gedanken wieder ein. Zunächst nehme ich bewusst den Angstgedanken wahr. Dann lasse ich ihn gehen und konzentriere mich auf meine Hände oder einen anderen Körperteil. Ich sage mir selbst, was ich wahrnehme, wie zum Beispiel: »Meine Hände zittern etwas.« Dann schiebe ich nach: »Na und?« Je häufiger man das übt, umso länger verweilen die Gedanken auf den Körperempfindungen. Für Angstgedanken ist dann kein Platz.

Auf den Punkt gebracht: Mit Achtsamkeit Gefühle bewusst steuern

Wer durch Achtsamkeit mitbekommt, was wirklich passiert, kann seine Gefühle willentlich steuern. Da Handlungen meist von Gefühlen gelenkt werden, lassen sie sich somit ebenfalls leichter verändern.

Gedankentraining in ruhigen Zeiten

Normalerweise würde man in einer Stresssituation nicht auf die Idee kommen und sich die Zeit nehmen, seine Nervosität zu spüren. Stattdessen würden sich die Gedanken in automatisierten Kreisen drehen. Damit es einem gelingt, in herausfordernden Situationen achtsam zu sein, empfiehlt es sich, dies zunächst in entspannten Situationen zu üben. Dabei ist es hilfreich, sich zu fragen, was man einerseits denkt und andererseits fühlt. Denn Gedanken und Gefühle bedingen sich gegenseitig. Beim Autofahren atme ich oft bewusst langsam. Dann frage ich mich: »Was denke ich? Wie geht es mir?« Und beantworte mir die Fragen selbst: »Ich bin entspannt und lasse meine Gedanken schweifen.« Ich fahre übrigens sehr gerne Auto. Oder beim Laufen: »Was denke ich und wie geht es mir?« »Gemischt, meine Beine sind etwas müde, aber es ist trotzdem angenehm, wie der Wind durch mein Gesicht bläst.« Oder während eines Gesprächs mit meiner Partnerin: »Was denke ich, wie geht es mir?« »Voller Freude!« Ich finde die Gespräche mit ihr häufig sehr inspirierend.

Wiederholen, wiederholen, wiederholen, wiederholen

Wenn ich das immer wieder übe, steigt die Wahrscheinlichkeit, dass ich mir in einer schwierigen Situation ebenfalls solche Fragen stelle und meine Wahrnehmung auf meinen Körper lenke. Denn mit jeder Wiederholung übe ich ein neues Verhalten ein. Zunächst muss ich das bewusst tun. Wenn ich es häufig genug wiederholt habe, geschieht es automatisch. Dann habe ich mich umprogrammiert, oder anders formuliert, mir einen neuen Automatismus antrainiert.

Wie unterdrückte Gefühle konsequentem Handeln im Weg stehen

Wir unterdrücken fast alle Gefühle. Das geschieht, weil viele den Umgang mit negativen Gefühlen so gelernt haben. Die meisten machen es wie ihre Eltern, die Angst, Scham oder Wut nicht fühlen wollten. Die Eltern haben das wiederum von ihren Eltern übernommen. Weitverbreitete Aussagen, wie »ein Indianer kennt keinen Schmerz«, zeigen, wie tief das Unterdrücken von Gefühlen in der Gesellschaft verankert ist. Wer durfte als Kind schon Wut zum Ausdruck bringen? So etwas gehört sich nicht. In einigen Familien darf selbst Freude nicht gezeigt werden, damit Geschwister oder Nachbarskinder nicht neidisch werden. Doch Vorwürfe den Eltern und Großeltern gegenüber sind fehl am Platz. Sie alle haben sich immer so gut verhalten, wie sie es konnten. Doch es lohnt sich, unterdrückte Gefühle ins Bewusstsein zu heben und sie dann gezielt zu verändern.

Unterdrückte Gefühle sind nicht weg

Man muss Kraft aufwenden, damit man unterdrückte Gefühle nicht zeigt. Komplett gelingt das fast nie. Selbst die Mimik verrät Gefühle, die man nicht spüren will. Somit sendet man gemischte Signale aus. Freunde oder Ehepartner reagieren allerdings nicht nur darauf, was man sagt, sondern auch auf die Mimik dabei. Selbst wenn man beispielsweise beteuert, nicht ärgerlich zu sein, aber das Gesicht angespannt ist, strahlt man diese gemischten Signale aus. Auf gemischte Signale reagieren viele skeptisch. Es kann sogar passieren, dass nahestehende Menschen das Vertrauen in einen verlieren.

Doch warum unterdrückt man Gefühle überhaupt? Meist will man dadurch eine Situation verbessern. Aber das funktioniert nicht. Es geht einem dadurch nicht besser, sondern nur anders. Zusätzlich baut man in die Beziehungen zu anderen Menschen einen Störfaktor ein.[19] Als Krankenpfleger oder Ärztin, als Justizbeamtin oder Mitarbeiter im Jugendamt, als Altenpfleger oder Soldatin ist man oft täglich mit tragischen Situationen konfrontiert. Dann ist es besonders wichtig, diese Gefühle zuzulassen, sie zu fühlen und anzusprechen. Wenn Betroffene das tun, wissen die Menschen in ihrem Umfeld, was mit ihnen wirklich los ist. Sie können vertrauen, weil sie eindeutige Signale erhalten.

Unterdrückte Gefühle reduzieren kognitive Fähigkeiten

Wie sich das Unterdrücken von Gefühlen auf das Gehirn und die Aufmerksamkeit auswirken, haben Wissenschaftler aus der Schweiz und aus Deutschland gemeinsam untersucht. Je mehr Gefühle unterdrückt werden, umso höher ist die Wahrscheinlichkeit, dass sie ungewollt wieder zum Vorschein kommen. Durch das Unterdrücken von Emotionen nimmt zudem die Fähigkeit ab, Handlungen zu bewältigen, die nicht automatisch ablaufen.

Gemessen wird das in psychologischen Studien mit dem sogenannten Stroop-Test. Den Probanden werden Wörter von Farben gezeigt. Die Bedeutung des Wortes stimmt allerdings nicht mit der Farbe überein, in der es dargestellt wird. Beispielsweise wird das Wort Grün in gelben Buchstaben präsentiert. Die Versuchsteilnehmer müssen sagen, welche Farbe das Wort hat und gleichzeitig das geschriebene Wort ignorieren. Das erfordert hohe Konzentration. Jene, die Emotionen unterdrücken, schneiden bei diesem Test schlechter ab. Die Untersuchungen ihrer Gehirne zeigten außerdem, dass die Aktivität im präfrontalen Cortex während des Stroop-Tests geringer ist als bei jenen, die keine Emotionen unterdrückten.[20]

Der präfrontale Cortex ist der vordere Teil des Gehirns. Er ist für das Planen von Handlungen, das Treffen von Entscheidungen und den Ausdruck der Persönlichkeit sowie des Sozialverhaltens von Bedeutung. Die Aktivität im präfrontalen Cortex ist essenziell, um Gedanken und Handlungen in Einklang mit internen Zielen zu bringen. Es gibt jedoch viele Situationen, die nicht eindeutig sind. Beispielsweise, wenn Erwartungen von anderen nicht mit den eigenen Zielen übereinstimmen. Im präfrontalen Cortex kommt es daraufhin zu Abwägungen zwischen den gegensätzlichen Zielen. Außerdem entstehen durch die Aktivität dieser Gehirnregion Vorstellungen über die Konsequenzen der eigenen Handlungen. Die Aktivität dieser Gehirnregion bestimmt also entscheidend mit, wie man seine täglichen Aufgaben erfüllt und mit anderen Menschen interagiert. In den Gehirnen von Menschen, die kontinuierlich ihre Gefühle unterdrücken, nimmt die Aktivität im präfrontalen Cortex ab. Das wirkt sich auf jede Minute des Lebens aus. Es wird schwieriger, Ziele zu verfolgen und sich über die Konsequenzen von Handlungen klar zu werden. Die Fähigkeit des konsequenten Handelns nimmt ab.

Gut zu wissen:
Unterdrückte Gefühle machen krank

Laut einer Studie aus Finnland leiden Menschen, die ihre Gefühle unterdrücken, häufiger an chronischen Entzündungsreaktionen als jene, die ihre Gefühle zum Ausdruck bringen.[21] Chronische Entzündungsreaktionen führen zu einer ganzen Reihe von Erkrankungen – von Depressionen bis zu Rheuma, von Herz-Kreislauf-Beschwerden bis zu Krebs.

Gefühle zu unterdrücken kostet Kraft

Bildlich kann man sich das Unterdrücken von Gefühlen wie ein Spiel mit einem Ball im Wasser vorstellen. Es kostet viel Kraft, einen luftgefüllten Ball unter der Wasseroberfläche zu halten. Bleibt der Ball im Wasser, kann man ihn nicht mehr richtig erkennen. Genauso ist es mit unterdrückten Gefühlen. Auf Dauer erkennt man sie nicht mehr richtig. Man weiß gar nicht genau, um welche Gefühle es sich handelt. Aber sie wirken sich auf das Denken und das Verhalten aus. Genauso wie die Anstrengung, einen luftgefüllten Ball unter der Wasseroberfläche zu halten, sich auf die körperlichen Bewegungen auswirkt. Ständig muss man sie so ausrichten, dass man den Ball mit einer Hand oder einem anderen Körperteil weiterhin herunterdrückt. Man kann sich nicht frei bewegen. Selbst wenn man vorsichtig ist, kann es passieren, dass man die Kontrolle über den Ball verliert. Dann dringt er an die Wasseroberfläche. Genauso ist es mit unterdrückten Gefühlen. Sie beeinflussen täglich Entscheidungen und Handlungen. Unterdrückt man beispielsweise Angst, wird man Situationen, die Angst einflößen, möglichst aus dem Weg gehen. Ist man im Job unzufrieden, aber die Vorstellung eines Wechsels in ein anderes Unternehmen ist mit viel Angst verbunden, wird man in der unzufriedenen Situation verweilen. Man richtet sein Verhalten nach der Angst aus. In einigen Situationen wird man nicht in der Lage sein, die Angst weiterhin wegzudrücken. Dann tritt sie plötzlich in Erscheinung. Nur in diesem Moment spürt man sie. Viele, die regelmäßig ihre Gefühle unterdrücken, werden sie in so einem Moment so schnell wie möglich wieder wegdrücken wollen, denn sie sind unangenehm. Aber dadurch gehen sie nicht weg, es kostet nur weiterhin Kraft, sie zu unterdrücken, und sie wirken sich negativ auf die täglichen Entscheidungen und Handlungen aus. Sie erschweren das Setzen und Erreichen von Zielen und somit konsequentes Handeln.

Gefühle zuzulassen setzt Energie frei

Anders ist es, wenn man seine Gefühle zulässt. Bildlich gesprochen bedeutet es, den Ball aus dem Wasser aufsteigen zu lassen. Man kann ihn daraufhin klar sehen. Wenn man seine Gefühle zulässt, kann man sie ebenfalls klar erkennen. Man weiß dann, ob es sich um Angst oder Scham oder etwas anderes handelt. Der Ball wird auf der Wasseroberfläche seine eigenen Wege gehen. Genauso ist es mit unseren Gefühlen. Die Kunst besteht darin zu beobachten, wie sie sich verändern und welche Auswirkungen sie haben. Verglichen mit dem Ball bedeutet es, ihn schwimmen zu lassen, ihn zu beobachten und ihn nicht wieder unter Wasser drücken zu wollen, auch wenn seine Anwesenheit nervt. Irgendwann akzeptiert man den Ball. Interessanterweise erscheint er dadurch oft kleiner. Auf die Gefühle angewandt bedeutet es, dass man negative Gefühle zulässt, sie aber möglichst nicht ausagiert. Wut wird beobachtet, aber es fliegen keine Teller an die Wand. Man konzentriert sich darauf, die negativen Gefühle zu betrachten und bei ihnen zu bleiben, auch wenn sich das sehr unangenehm anfühlt. Nach einiger Zeit sind sie nicht mehr so groß und überwältigend. Das entspannt Geist und Körper. Die Energie, die man zuvor für das Unterdrücken der Gefühle aufgebracht hat, kann man daraufhin für andere Tätigkeiten verwenden.

Durch wahrgenommene Gefühle Streit verhindern

Unerwünschte Gefühle zuzulassen und zudem wertfrei zu beobachten ist häufig ungewohnt. Angenommen, man denkt und fühlt etwas, was man im Grunde genommen nicht okay findet. Das kommt häufiger vor, als man glaubt. Angenommen, man mag einige Angewohnheiten des Partners oder der Partnerin nicht. Da man die Person aber trotzdem liebt, erlaubt man sich die kritisierenden Gedanken und die damit einhergehenden Gefühle nicht. Damit baut man eine trennende Schicht zwischen sich und seiner Frau oder seinem Mann auf. Immer, wenn sie oder er etwas tut, was man nicht mag und man sich gleichzeitig nicht erlaubt, es zu fühlen, wird diese Schicht dicker. Sie beeinflusst daraufhin, neben anderen Faktoren, Entscheidungen und Handlungen. Das kann zur inneren Zerreißprobe werden. Oft genug reicht die Liebe irgendwann nicht mehr aus, um die trennende Schicht weiter zu überbrücken. Wenn die Person das nächste Mal das tut, was man nicht mag, kommt es zum Streit. Wenn man es jedoch schafft, seine Gedanken und Gefühle zunächst einmal vor sich selbst zu benennen und sie nicht weiter zu unterdrücken, verringert sich die trennende Schicht. Man baut sie ab. Im Idealfall spricht man die Gedanken und Gefühle vor dem anderen aus. Allerdings ohne die Erwartung, dass der andere sein Verhalten ändert. Man beschreibt schlichtweg, wie man sich fühlt und was einen genau stört. Allein durch das Aussprechen dieser Dinge verändert sich die Situation meist. Vor allem aber unterdrückt man seine Gefühle nicht mehr, das ist das Wesentliche. Gefühle vor sich selbst und anderen zu benennen ist oft einfacher, als man zunächst befürchtet. Außerdem ist es eine Übungssache. Je häufiger man es macht, umso leichter wird es. Irgendwann wird es zur Selbstverständlichkeit. Gefühle nicht zu benennen fühlt sich dann falsch an.

Ehrlich fühlen

Daher ist es wichtig, ehrlich zu sich selbst zu sein. Es geht nicht darum, bestimmte Gedanken oder Gefühle wegzudrücken. Es geht darum, sie Schritt für Schritt zu verändern. Dazu beginnt man bei der Wahrnehmung dessen, was ist. Egal wie aggressiv, egal wie ärgerlich oder verzweifelt man ist. Wenn man es spürt, kann man sich fragen, welche Gedanken der Angst oder der Wut zugrunde liegen. Im nächsten Schritt kann man mit diesen Gedanken spielen. Welche Gefühle entstehen, wenn man anders über die Situation denkt? Wenn es einem jedoch nicht gelingt, anders über eine Situation zu denken und dadurch seine Gefühle zu verändern, dann bleibt man erst einmal dabei, die Gefühle wahrzunehmen. Das ist wichtig. Wenn man sich zu schnell negative Gefühle ausredet, unterdrückt man sie nur wieder.

Meditation macht unterdrückte Gefühle bewusst

Meditation hebt Gedanken und Gefühle ins Bewusstsein, die zuvor im Unbewussten lagen. Das kann überwältigend sein. Wenn einen diese Gedanken oder Gefühle erschrecken oder man sie nicht wahrhaben will, kann es passieren, dass man sie, anstatt sie endlich wahrzunehmen, wieder wegdrückt. Oft werden so Wut, Angst oder sexuelle Wünsche unterdrückt. Die Gedanken und Gefühle sind dann aber nicht weg, sie schlummern im Unbewussten. Werden diese Gedanken und

Gefühle in einer Situation besonders getriggert, kommen sie mit geballter Wucht zum Vorschein. In so einer Situation kann es passieren, dass man plötzlich seine Kinder anschreit oder Arbeitskollegen eine patzige Antwort gibt.

Sollte man durch das Meditieren auf unangenehme Gedanken und Gefühle stoßen, die einen überfordern, ist es gut, sich professionelle Unterstützung zu suchen. Das kann ein erfahrener Meditationslehrer, ein Coach oder Therapeut sein.

Praxis: Umgang mit unangenehmen Gefühlen

Wenn man auf Gedanken und Gefühle stößt, die unangenehm sind, sollte man dankbar sein, dass man sie spürt. Denn nur, wenn man sie wahrnimmt, können sie sich langfristig ändern.

Wenn man sich selbst etwas vorspielt

Unsere Psyche ist vertrackt. Sie ist sogar in der Lage, uns selbst ein Theaterstück vorzuspielen. Viele Menschen unterdrücken einige ihrer Gedanken und Gefühle. Oft gehört ein geringes Selbstwertgefühl dazu. Anstatt sich Gedanken und Gefühle einzugestehen und sie dann schrittweise zu ändern, spielen sie sich selbst etwas vor. Sie imitieren das Verhalten von Menschen, die sie für souverän halten. Da jedoch die unerwünschten Gedanken und Gefühle weiterhin im Untergrund schlummern, verschwinden sie nicht. Selbst eine narzisstische Persönlichkeitsstörung beruht auf so einem Theaterstück. Betroffene weisen häufig eine ausgeprägte Empfindlichkeit gegenüber Kritik auf und haben ein nur geringes Einfühlungsvermögen in Bezug auf andere Menschen und deren Bedürfnisse. Eine narzisstische Persönlichkeitsstörung beruht oft auf mangelndem Selbstwertgefühl. Mit dem automatisch aufgeführten Schauspiel von Selbstbezogenheit und Geltungsbedürftigkeit täuschen sich Personen mit narzisstischer Persönlichkeitsstörung Selbstwert vor.[22] Es gibt viele weitere Arten von Theaterstücken, die automatisch täglich inszeniert werden. Es gibt sogar solche, die sich als hilflos in Szene setzen, um Aufmerksamkeit zu bekommen. Menschen im Umfeld der Personen, die selbsttrügerische Theaterstücke spielen, registrieren das jedoch meist. Oft können sie zwar nicht genau benennen, was nicht stimmt, aber irgendwie glauben sie dem Theaterstück nicht. Die gute Laune, der Optimismus oder die Hilflosigkeit erscheinen nicht echt. Das Theaterstück kann für die, die es sich vorspielen, tückisch sein. Denn einige spielen es schon so lange und in solcher Perfektion, dass sie selbst daran glauben. Ihr Theaterstück ist ihre Realität. Mit dem Theaterstück überdecken sie alles, was sie an sich selbst nicht mögen. Die Inszenierung führt dazu, dass sie zu einigen ihrer negativen Gedanken und Gefühlen keinen Zugang mehr haben.

Hosen runter vor dir selbst

Der Psychologe Randy Colvin aus Boston, USA, untersuchte mit seinem Team 130 Absolventen einer Krankenpflegeschule. Die Probanden beschrieben zunächst im Alter von 18 Jahren und dann noch einmal, als sie 23 Jahre alt waren, ihre Persönlichkeit. Zudem wurde ihr Sein von ihren Freunden geschildert. Weiterhin wurde untersucht, wie sie mit frustrierenden Lebensereignissen umgingen. Die Wissenschaftler erkannten typische Persönlichkeitsmerkmale, die auftreten, wenn sich jemand besser darstellte, als er sich fühlt. Sie nannten die Personen dieser Gruppe die »Selbstverbesserer«. Zu deren typischen Persönlichkeitsmerkmalen zählen ein eher feindseliges und ängstliches Verhalten. Außerdem zeigen die »Selbstverbesserer« vermindertes Sozialverhalten und vermehrte Stimmungsschwankungen. Außerdem reagieren sie sensibel auf Kritik und halten zu anderen Menschen emotionale Distanz. Die Psychologen nahmen an, dass die »Selbstverbesserer« unbewusst Abgrenzungen bevorzugen, um negativem Feedback vorzubeugen. Denn das kann ihr konstruiertes Selbstbild zum Einstürzen bringen. Die »Selbstverbesserer« verstecken ihre Fehler zwar vor sich selbst, sie schaffen es jedoch nicht, ihre Freunde zu täuschen. Diese erkannten die

Persönlichkeitsanteile, die die »Selbstverbesserer« so gerne verbergen wollen. Sie beschrieben ihre Freunde ähnlich wie die Wissenschaftler als eher feindselig und herablassend. Auch sind sie in den Augen ihrer Freunde eher unfähig, dankbar zu sein. Merken die »Selbstverbesserer«, dass ihr Umfeld ihr wahres Sein erkennt, versuchen sie umso stärker, ihr gespieltes, besseres Ich zu präsentieren. All das läuft natürlich automatisch ab.[23] Um sich wirklich selbst mögen zu lernen, mit allen guten wie schlechten Seiten, muss es daher heißen: Hosen runter vor dir selbst!

Mit Meditation und Achtsamkeit Visionen verwirklichen

Eines der wichtigsten Prinzipien des Meditierens ist das Fokussieren. Es gibt unzählige Möglichkeiten, dies zu trainieren. Man kann einzelne Körperteile oder den Atem als Fokuspunkt wählen. Oder ein Objekt, welches man sich während des Meditierens vor sich hinstellt und betrachtet. Ebenso kann man sich auf einen wörtlichen oder bildlichen Gedanken fokussieren. In den östlichen Traditionen werden häufig Mantras als Fokuspunkt benutzt. Mantras sind heilige Silben, Wörter oder Verse. Diese werden ständig wiederholt. Wenn man während der Meditation bemerkt, dass Gedanken abwandern, sich beispielsweise um die Geschehnisse des letzten Tages kümmern oder sich bereits Aufgaben zuwenden, die es demnächst zu bewältigen gibt, dann konzentriert man sich wieder auf den ausgewählten Fokuspunkt. Diese Art des Meditierens führt zu mehreren positiven Effekten. Zunächst lernt man dadurch, seine Gedankengänge vermehrt wahrzunehmen. In einem untrainierten Gehirn wandern Gedanken meist von einem Thema zum nächsten, ohne dass man es mitbekommt. Während des Meditierens richtet man hingegen immer wieder die volle Aufmerksamkeit auf die Gedanken, um zu erkennen, ob sie noch den Fokus halten. Manchmal wandern die Gedanken ab, und erst Minuten später bemerkt man es überhaupt. Wer regelmäßig meditiert, entwickelt die Fähigkeit, immer früher abwandernde Gedankengänge wahrzunehmen. Die Fähigkeit überträgt sich irgendwann in den Alltag. Gedanken, die man zuvor nicht wahrgenommen hat, werden einem dann bewusst. Neben der gesteigerten Wahrnehmung der Gedanken erlangt man durch das Meditieren zudem die Fähigkeit, zu entscheiden, ob man einen Gedanken weiter denken möchte oder nicht. Wenn man sich während des Meditierens gegen einen Gedanken entscheidet, richtet man seinen Fokus wieder auf das ausgewählte Objekt. Das kann man auch während einiger Tätigkeiten praktizieren, die nicht die volle Aufmerksamkeit benötigen. Immer wenn man etwas denkt, an was man gar nicht denken möchte, kann man sich auf die Hände oder den Atem konzentrieren. Oder man richtet die Aufmerksamkeit auf die Umgebung, auf ein Geräusch, einen Geruch oder etwas, was man sieht.

Auf den Punkt gebracht: Tägliche Meditation verändert das Bewusstsein

Wer täglich meditiert, dem werden Gedanken, Gefühle und Handlungen bewusst, die zuvor unbewusst und automatisch abgelaufen sind.

Da aus Gedanken häufig Gefühle werden, wirkt sich das Meditieren positiv auf das Gefühlsleben aus. Wenn ich beispielsweise vor einem Vortrag bewusst nur daran denke, wie mir eine Erklärung nach der anderen gelingt und wie ich in begeisterte Zuhörergesichter schaue, dann bin ich nicht mehr nervös, dann freue ich mich auf den Vortrag!

Souveränität durch bewusst gewählte Gedanken

Die Fähigkeit, Gedanken und Körperempfindungen wahrzunehmen sowie ungesteuerte Gedanken zurückzuholen, ist meiner Meinung nach einer der wichtigsten Schlüssel zu emotionaler Ausgeglichenheit. Angenommen, jemand sagt etwas zu mir, wie: »Du hast in der Situation vorhin falsch reagiert, du hättest während der Verhandlung vielmehr die Ansichten von Frau XY berücksichtigen müssen.« Bevor ich regelmäßig meditierte, hätte ich bestimmt sofort gekontert. Wahrscheinlich hätte ich in sehr energischem und lautem Ton ein Argument nach dem anderen angeführt, um zu zeigen, dass meine Vorgehensweise die richtige war. Mein Herz hätte kräftig geschlagen. Ich wäre darüber ärgerlich gewesen, dass jemand so über meine Verhandlungstaktik dachte. Seitdem ich meditiere, gelingt es mir, in so einer Situation anders zu reagieren. Nicht immer, aber immer häufiger. Bevor ich automatisch kontere, konzentriere ich mich auf meinen Körper. Blitzschnell frage ich mich: »Wie geht es dir?« »Der Nacken ist etwas verkrampft, und ich atme flach«, kommt dann vielleicht als Antwort. Dann frage ich mich: »Wie möchtest du reagieren?« Wobei ich mir durchaus erlaube, ärgerlich und laut zu werden, wenn ich es für angebracht halte. In den allerwenigsten Fällen ist es das jedoch. Blitzschnell stelle ich mir unterschiedliche Möglichkeiten vor, wie ich reagieren könnte. Meistens bin ich dann in der Lage, ruhig zu handeln. Anstatt mir mit Scheinargumenten Luft zu machen, stelle ich häufig Gegenfragen. Schließlich liegt in den meisten Aussagen etwas Wahres. Ich frage beispielsweise: »Was glaubst du denn, was die Ansichten von Frau XY sind?« Oder Ähnliches. Oft pocht mein Herz, denn ein Teil von mir möchte am liebsten nach meinem bisherigen automatischen Programm reagieren. Aber das macht nichts, das spüre ich einfach. Auf diese Weise schaffe ich es, Konflikte abzuwenden. Gleichzeitig habe ich aber nicht das Gefühl, dass ich dadurch zurückstecke oder sogar etwas verlieren würde. Im Gegenteil, ich empfinde es als sehr souverän. Ich habe zudem das Gefühl, dass ich in der Achtung der anderen steige. Denn mal ehrlich, wer nimmt schon jemanden ernst, der laut wird? Außerdem bin ich zufriedener mit mir selbst. Denn in meinem tiefsten Inneren möchte ich keine Kerben zwischen mir und andere Menschen schlagen, sondern verbindend wirken. Das Meditieren hilft mir dabei. Unter anderem kann ich dadurch besser mit Kritik und Feedback umgehen. Das hat enorme Vorteile!

Gut zu wissen: Meditation verändert nachweislich das Gehirn

Wissenschaftliche Studien beschreiben die Früchte des Meditierens ähnlich, wie ich es erlebe. Probanden, die an Meditationsstudien teilnehmen, berichten häufig von gesteigerter Selbstwahrnehmung und emotionaler Selbstregulierung. Diese veränderten Fähigkeiten zeigen sich sogar in der Struktur des Gehirns. Da Achtsamkeitsmeditationen unterschiedliche Aspekte mentaler Funktionen beinhalten, kommt es zu Veränderungen in mehreren Gehirnregionen:

- **Im präfrontalen Cortex** (das ist der vordere, hinter der Stirn liegende Teil des Großhirns): Hier finden die meisten Abläufe zur Selbstregulierung statt. Im präfrontalen Cortex werden Handlungen geplant und deren Konsequenzen durchdacht. Außerdem steuert dieser Teil des Gehirns Emotionen und das Sozialverhalten. Die Persönlichkeit eines Menschen wird mitunter durch die Aktivität dieser Gehirnregion erzeugt. Durch Meditation nimmt die Vernetzung der Gehirnzellen zu, und die Aktivität steigt.
- **Im primären somatosensorischen Cortex** (ein mittig liegender Teil des Großhirns): Diese Gehirnregion ist für die Körperwahrnehmungen verantwortlich. Durch Meditation vernetzen sich die Zellen in diesem Bereich deutlich mehr. Die Körperwahrnehmung nimmt zu.
- **Im Hippocampus** (dieser Teil des Gehirns liegt mittig im Schädel): Der Hippocampus ist vor allem für das Erinnerungsvermögen zuständig. Erinnerungen sind jedoch keine Informationen, die zum Abruf bereitstehen, stattdessen werden sie jedes Mal neu konstruiert. Daher können sich Erinnerungen im Laufe des Lebens verändern oder vom ursprünglichen Ereignis abweichen. Durch Meditation nimmt das Lernvermögen zu, und Erinnerungen werden akkurater. Im Gehirn zeigt sich das durch eine gesteigerte Vernetzung der Zellen untereinander.[24]

Durch Meditation Gefühle frei wählen

Für Wissenschaftler sind die messbaren Veränderungen im Gehirn faszinierend. Ich denke, Praktiker finden das veränderte Gefühlsleben noch viel faszinierender. Seitdem ich meditiere, habe ich immer häufiger die Wahl, wie ich mich fühlen möchte. Ich hätte nie gedacht, dass das möglich ist. Bislang habe ich mein Gefühlsleben folgendermaßen wahrgenommen: Etwas passiert oder ich tue etwas, und daraufhin empfinde ich etwas. Wenn mir beispielsweise ein Vortrag gut gelang, war ich zufrieden. Wenn ich intensiv arbeitete, war ich danach erfüllt und erschöpft. Oder ich wurde ärgerlich, wenn sich jemand an der Supermarktkasse mit einer dämlichen Ausrede vordrängelte. Jetzt ist es anders. In vielen Situationen kann ich mich fragen, wie ich mich fühlen möchte. Dann entscheide ich mich für ein Gefühl, und daraufhin fühle ich mich entsprechend meiner Entscheidung.

Gelassenheit ist die erste Wahl

Solange die Dinge gut laufen und ich ohnehin gut gelaunt bin, ist das nicht von Bedeutung. Aber wenn eins nach dem anderen schiefgeht, ist diese Fähigkeit eine riesige Errungenschaft. Während der Versuche für meine Doktorarbeit wurden beispielsweise einmal die Daten der Probanden nicht richtig gespeichert. Ein anderes Mal fiel mir ein Fehler in der Programmierung für den Versuch auf, der mir zunächst unlösbar erschien. In diesen Momenten hatte ich die Wahl, ob ich ärgerlich, enttäuscht oder gelassen reagieren wollte. Ich entschied mich für die Gelassenheit. Das wäre mir vor Jahren nicht möglich gewesen.

Der wahre Grund von Stress: angsterfüllte Selbstgespräche

Diese Fähigkeit, Gefühle frei wählen zu können, ist insbesondere in Bezug auf Stress hilfreich und erklärt, warum einige Menschen mit hohen Belastungen umgehen können und andere nicht. Sie denken anders über ihre Verpflichtungen. Manchmal passiert es, dass auch mir meine Tätigkeiten zu viel werden. Wenn ich dieses Gefühl habe, beobachte ich meine Gedanken. Oft sind sie damit beschäftigt, Szenen zu kreieren, in denen ich es nicht schaffe, meine Aufgaben bis zum festgesetzten Termin zu bewältigen. Oder ich sehe mich, wie ich täglich länger am Schreibtisch sitze und zu mehr Terminen fahre, als ich ursprünglich geplant hatte. Dann fühle ich mich gestresst. Meine Gedanken drehen sich darum, dass meine Zeit und meine Energie nicht reichen. In den meisten Fällen gelingt es mir heute, diese Gedanken zunächst wahrzunehmen. Im nächsten Schritt hinterfrage ich sie. Ist es wirklich nicht möglich, meine Aufgaben in der mir zur Verfügung stehenden Zeit zu erledigen? Dann stelle ich mir vor, wie es funktioniert, wie ich konzentriert arbeite und schnell Fortschritte mache. Der Stress verschwindet. Anstelle der inneren Angst, ich könne es nicht schaffen, tritt Freude. Denn ohne den selbstkreierten Stress machen mir meine Aufgaben tatsächlich Spaß. Bevor ich meditierte, erging es mir anders. Anstatt mich auf meine Arbeit zu konzentrieren, drehten sich meine Gedanken immer wieder darum, dass es nicht zu schaffen sei. Das machte mir Angst, und meine Konzentrationsfähigkeit nahm ab. Dann wurde ich unproduktiv, und es wurde tatsächlich schwerer, meine Aufgaben bis zum gesetzten Termin abzuschließen.

Alltagsaufgaben zur Meditation nutzen

Wem alltägliche Aufgaben, wie Einkaufen, Rasenmähen oder Wäschewaschen zu viel werden, der kann ebenfalls Stress reduzieren, indem er seine Gedanken bezüglich der Aufgaben ändert. Das bringt nicht nur mehr Zufriedenheit, sondern spart auch noch Energie. Solange man denkt, dass einem diese Aufgaben zu viel sind, sträubt man sich gegen sie. Man will sie nicht erledigen, man will sich lieber ausruhen oder etwas Schönes tun. Da man sie aber trotzdem bewältigen muss, muss man nicht nur die Energie für ihre Erledigung aufbringen, sondern zusätzliche Energie zur Überwindung des inneren Widerstandes. Das erhöht den Stress. Wenn man jedoch seine Gedanken ändert und das Einkaufen oder den Wohnungsputz als willkommene Abwechslung sieht, dann kosten die Aufgaben keine Extra-Energie mehr. Alle Tätigkeiten, die nicht die volle Konzentration verlangen, können tatsächlich zum Achtsamkeitstraining genutzt werden. Danach hat man mehr Energie als zuvor. Man konzentriert sich auf das, was zu tun ist. Beim Einkaufen läuft man nicht mehr gestresst durch die Gänge und denkt über die Berge an Erledigungen nach, die im Büro oder zu Hause warten. Stattdessen konzentriert man sich auf seinen Körper und das Einkaufen. Man nimmt bewusst wahr, wie sich der Körper während des Gehens anfühlt. Oder man konzentriert sich auf die Farben der unzähligen Verpackungen, die Gerüche und die Geräusche. Wenn die Gedanken abwandern und sich wieder mit den zu erledigenden Tätigkeiten beschäftigen, holt man sie zurück zur Käsetheke oder zum eigenen Atem. Man meditiert, und gleichzeitig erledigt man seine Aufgaben. Damit verschwindet der Stress, und gleichzeitig trainiert man sein Gehirn.

Auch Nährstoffe erhöhen die Achtsamkeit

Mein Vater, der in eigener Praxis seit mehr als 25 Jahren Patienten mit Nährstoffen und Lebensstilveränderungen behandelt, würde hier einen berechtigten Einwand bringen. Denn wie ruhig oder eben unruhig man denkt, hängt nicht nur davon ab, wie gut das Gehirn mithilfe von Achtsamkeits- und Konzentrationsübungen trainiert ist. Es hängt auch von der Nährstoffversorgung ab. Fehlen dem Gehirn Mineralstoffe, Vitamine, Amino- oder Fettsäuren, verändern sich die Gehirnzellen und die Nervenimpulse. Wenn dann noch belastende Stoffe wie Kohlenhydrate, Alkohol oder Nikotin hinzukommen, ist es fast unmöglich, ruhig und konzentriert zu denken. In dem Buch meines Vaters, *Dr. med. U. Strunz: 77 Tipps für ein gesundes Gehirn* werden diese Zusammenhänge im Detail erklärt. Man muss sich um beides kümmern, sowohl um das körperliche Wohl mit Gemüse, hochwertigen Proteinen, Nahrungsergänzungsmitteln und Sport, als auch um das geistige, mit Meditation und Achtsamkeit. Körperliches und geistiges Wohl bedingen und ergänzen sich gegenseitig.

Mitfühlen und mithelfen

Besonders positiv wirkt sich meiner Erfahrung nach Meditation auf die Beziehung zu anderen Menschen aus. Immer häufiger sind mir meine Gedanken und Gefühle bewusst. Dadurch bin ich in der Lage, diese Gefühle auch bei anderen wahrzunehmen. In Gesprächen mit Mitarbeitern erkenne ich beispielsweise, wann jemand unsicher ist. Wenn ich das bemerke, versuche ich mit gewählten Worten und Gestik der Person das Gefühl von Sicherheit zu geben. Mein Fokus hat sich zudem verschoben. Mir geht es in erster Linie nicht mehr darum, dass ich bekomme, was ich will. Stattdessen möchte ich dazu beitragen, dass es möglichst vielen Menschen gut geht.

Gut zu wissen: hedonistisches Paradox

Als hedonistisches Paradox wird in der Wissenschaft die Beobachtung beschrieben, dass jene, die Glück nur zu ihrem eigenen Vorteil suchen, oft enttäuscht werden. Wer hingegen das Leben anderer verbessert, erhöht die Wahrscheinlichkeit, selbst glücklich zu werden. [25]

Achtsamkeit und Meditation trainieren

Das Wissen darüber, wie man meditiert, es aber nicht täglich zu tun, bringt genauso wenig wie das Wissen über die ideale Marathonvorbereitung, aber nicht laufen zu gehen.

Ich beobachte es immer wieder, Meditationsanfänger sind zunächst begeistert. Einige erzielen schnell erste Erfolge. Ihr Fokus verweilt länger auf den ausgewählten Objekten, und ihre Konzentrationsfähigkeit nimmt zu. Dann hören viele wieder auf. Sie schaffen es nicht, das Meditieren zur täglichen Routine werden zu lassen. Ich kann mir nicht erklären, woran das liegt, aber all jene, die nicht täglich meditieren, verpassen das Wesentliche. Denn der echte Erfolg stellt sich bei vielen erst nach Monaten oder Jahren ein. Dann, wenn das Leben immer einfacher und fröhlicher wird, weil immer weniger automatische, hinderliche Gedanken ihr Unwesen treiben. Jedoch hält auch dieser Zustand nicht an, wenn man nicht weiter täglich meditiert. Genauso wenig wie die Ausdauerfähigkeit bleibt, wenn man nicht regelmäßig Ausdauersport betreibt. Wer das Meditieren wieder sein lässt, verspielt das, was er erreicht hat. Dann steigen die Anteile automatischer Entscheidungen und Handlungen wieder an. Daher sollte Meditation zur täglichen Routine werden, ein Leben lang.

Auf den Punkt gebracht: Erfolgreich meditieren

Meditation wirkt nur, wenn man sie häufig, am besten täglich praktiziert.

Viele, die täglich meditieren, berichten von Schwankungen. An manchen Tagen können sie den Fokus lange halten. Wenn die Gedanken abwandern, realisieren sie es schnell. An anderen Tagen gelingen weder das Fokussieren noch das Einsammeln der Gedanken. Oft sind es äußere Faktoren, die zu den Schwankungen führen. Beste körperliche Gesundheit und ausreichender Schlaf steigern Konzentrationsfähigkeit und Fokus. Alkohol, hohe Arbeitsanforderungen oder Streitigkeiten erschweren sie. Zumindest in den ersten Monaten oder Jahren des Meditierens. Wer jedoch bereits lange Zeit meditiert, der erlebt meist hohe Arbeitsanforderungen nicht mehr als belastend und hat auch weniger Streit. Und selbst wenn es doch mal zu viel zu tun gibt oder Unstimmigkeiten auftauchen, beeinflussen sie die Meditationen nicht mehr so stark. Auch das Verlangen nach Alkohol wird weniger. Denn viele trinken Alkohol zur Entspannung. Sie sind sich dessen jedoch oft nicht ganz bewusst. Wenn die Gedanken aufgrund regelmäßiger Meditation jedoch entspannter sind, verschwindet das Verlangen nach Alkohol.

Meditation als Standardeinstellung

Wenn man während alltäglicher Handlungen, die nicht die volle Aufmerksamkeit benötigen, auftauchende Gedanken wahrnimmt, ist das einer der ersten Erfolge. Das kann am Anfang irritierend sein, was da für ein Zirkus abläuft. Der nächste Erfolg zeigt sich, wenn man während alltäglicher Handlungen, die nicht die volle Aufmerksamkeit benötigen, in einen meditativen Zustand umschaltet. Das kann während des Autofahrens oder Einkaufens passieren. Natürlich bleiben die Augen geöffnet! Wenn sich die Gedanken mit Blödsinn beschäftigen, realisiert man das schnell und holt sie zurück. Man konzentriert sich wieder auf den Atem oder andere Körpergefühle. Oder man richtet sie auf ausgewählte Themen. Man kann beispielsweise die nächsten Tätigkeiten visualisieren oder sich gezielt in Dankbarkeit üben. Hauptsache, die Gedanken machen das, was man will und keinen automatischen Quatsch. Wenn man in der Lage ist, Gedanken in eine bestimmte Richtung zu lenken, wirkt sich das auch auf die Entscheidungen und Handlungen aus. Sie werden immer seltener automatisch und immer häufiger bewusst getroffen.

Klassische Meditation

Meditieren heißt 10, 20, 30 oder 45 Minuten Konzentration auf ein ausgewähltes Objekt. Gerne auch länger, aber viele, die regelmäßig meditieren, tun dies zwischen 20 und 45 Minuten pro Tag. Zu Anfang reichen auch 10 Minuten, das macht die Hürde nicht so groß, denn 10 Minuten Zeit kann man sich immer einrichten. Um das Meditieren zur täglichen Routine werden zu lassen, sollte man konkrete Zeiten im Tagesablauf dafür reservieren. Viele meditieren morgens, man steht entsprechend früher auf. Morgens ist zudem der Berg an liegen gebliebenen Aufgaben meistens noch nicht so groß. Das morgendliche Meditieren bringt weitere Vorteile mit sich. Es steigert die Konzentrationsfähigkeit während des Tages und entspannt gleichzeitig. Die Zeit, die man morgens ins Meditieren investiert, spart man meistens im Verlauf des Tages wieder ein.

Meditieren kann man in allen Körperlagen, im Sitzen, Gehen oder Liegen. Vom Liegen ist jedoch zu Beginn abzuraten, da diese Position zu gemütlich ist. Die Gefahr ist groß, dass man in einen Halbschlaf abdriftet, ohne es zu bemerken. Wenn man jedoch krank ist und weder sitzen noch gehen kann, bietet sich das Meditieren im Liegen an.

Im Sitzen meditieren

Am gängigsten ist das Meditieren im Sitzen. Es muss aber nicht unbedingt der Lotossitz auf einem Meditationskissen sein. Meditieren kann man auch normal sitzend. Egal ob auf dem Sofa oder einem Stuhl. Wichtig ist eine lockere, aufrechte Körperhaltung. Am besten verzichtet man darauf, sich anzulehnen. Die Körperhaltung wirkt sich bereits auf den Gemütszustand aus. Ein entspannter, aufrechter Rücken führt laut einer Studie aus Amsterdam zu positiveren Gefühlen.[26] Das unterstützt wiederum das Meditieren. Wenn die Schultern nach vorne hängen und der Rücken einen leichten Buckel bildet, nehmen negative Gefühle hingegen zu. Aufgrund unseres heutigen Lebensstils fehlt vielen Menschen die nötige Muskulatur, um während der Meditation aufrecht sitzen zu können. Übungen zum Aufbau der Rücken- und Bauchmuskulatur wirken hier unterstützend. Während der Meditation sollte man die Aufmerksamkeit für einige Zeit auf den Körper richten. Sitzt man noch aufrecht und entspannt? Wenn nicht, richtet man sich wieder auf. Sobald es zu körperlichen Schmerzen durch die Sitzposition kommt, sollte man sie ändern, zumindest wenn man noch nicht so viele Erfahrungen im Meditieren hat. Wenn man die schmerzende Sitzposition beibehält, ist die Wahrscheinlichkeit groß, dass sich die Gedanken ausschließlich um den Schmerz drehen. Daher sollte man als Meditationsanfänger möglichst ohne Schmerzen sitzen. Wenn man im Meditieren etwas fortgeschritten ist, kann man mit Schmerzen experimentieren. Man kann sie beobachten, ohne sie zu bewerten. Man kann den Fokus bewusst auf etwas anderes legen und sich nach einiger Zeit fragen, ob es überhaupt noch wehtut. Man kann sich während der Meditation auch fragen, ob der Schmerz einem etwas mitteilen möchte. Manchmal kommen interessante Antworten aus dem »Off«. Woher sie genau kommen, weiß ich nicht, aber sie kommen.

Im Gehen meditieren

Gehmeditationen sind eine gute Abwechslung zu Meditationen im Sitzen. Während Gehmeditationen bieten sich besonders die Körperwahrnehmungen als Fokus an. Wie fühlen sich die Füße beim Aufsetzen an? Wie der Boden unter den Füßen? Wie locker sind die Schultern, wie gerade der Rücken? Atme ich flach oder tief? Meistens bleibt der Fokus nicht lange auf dem Körper. Dann kann man sich fragen, was man gerade denkt. Wenn man den Gedanken nicht weiterführen möchte, richtet man ihn wieder auf die Füße oder etwas anderes. Aber auch im Gehen kann man sich auf ein ausgewähltes Objekt, wie einen Satz, den man ständig wiederholt, konzentrieren. All das kann man natürlich auch während des Laufens tun. Oder während der Wege, die man täglich zu Fuß zurücklegt. Dadurch trainiert man sich einen meditativen Dauerzustand an.

Meditationsuhren und -Apps

Viele, die regelmäßig meditieren, benutzen Meditationsuhren. Sie klingeln nach der zuvor festgelegten Zeit mit angenehmem Ton. Natürlich gibt es mittlerweile unzählige Meditations-Apps, die in gleicher Art funktionieren. Ziel ist es, so lange zu meditieren, wie man es sich zuvor vorgenommen hat, und nicht früher aufzugeben. Das ist wichtig, denn die Momente, in denen man am liebsten wieder aufhören möchte, sind wertvoll. Das Verlangen, in die gewohnten Gedankenwiederholungen abzutauchen, ist dann besonders groß. Wenn man es schafft, sich in diesem Moment trotzdem wieder auf das ausgewählte Objekt zu konzentrieren, ist das ein großer Erfolg. Meditationsuhren oder -Apps bieten einem zudem die Möglichkeit, die Meditation in unterschiedliche Abschnitte zu unterteilen. Dann klingelt es zwischendurch, beispielsweise nach 5, 10 oder 15 Minuten. Man kann sich für jeden Meditationsabschnitt einen anderen Fokus auswählen, das macht es etwas leichter. Denn ehrlich gesagt ist es gar nicht so leicht, sich 30 Minuten nur auf den eigenen Atem zu konzentrieren.

Praxis: Meditieren in Abschnitten

Beispiel für eine 30-minütige Meditation mit drei Abschnitten:

- In den ersten 10 Minuten konzentriert man sich auf die aufsteigenden Gedanken und fragt sich, ob man sie weiter denken möchte. Wenn nicht, lässt man sie ziehen und konzentriert sich auf den leeren Moment, der zwischen dem verschwindenden und dem neuen Gedanken auftaucht.

- In den nächsten 10 Minuten konzentriert man sich auf ein Körperteil, beispielsweise auf die Hände. Tauchen Gedanken auf, stoppt man sie und richtet seine Aufmerksamkeit wieder auf die Hände.

- In den letzten 10 Minuten kann man einen ausgewählten Satz wiederholen, wie beispielsweise: »Die Welt ist das, wofür du sie hältst.« Es kann passieren, dass man zwar diesen Satz wiederholt, aber gleichzeitig über etwas anderes nachdenkt. Dann holt man die Gedanken zurück und konzentriert sich wieder voll auf den Satz: »Die Welt ist das, wofür du sie hältst.« Dabei hilft es, nicht nur die Wörter im Geiste auszusprechen, sondern sich auch bildlich vorzustellen, was sie bedeuten.

Achtsamkeit

In der klassischen Meditation liegt der Schwerpunkt auf der Steigerung der Konzentrationsfähigkeit. Konzentration bildet auch die Grundlage für Achtsamkeitspraktiken. Allerdings ist hier der Schwerpunkt ein anderer. Die Gedanken werden nicht mehr gezielt auf ein Objekt gerichtet, sondern auf den gegenwärtigen Moment. Man nimmt so viel wie möglich wahr: Gedanken, Gefühle, Körperempfindungen, die Umwelt um einen herum usw. Achtsamkeitspraktiken haben im Buddhismus eine lange Tradition. Der Mediziner und Molekularbiologe Jon Kabat-Zinn kombinierte die Erkenntnisse aus verschiedenen östlichen Meditationspraktiken und der modernen Medizin und entwickelte darauf das Mindfulness-based Stress Reduction Programm. Abgekürzt wird es mit MBSR, zu Deutsch bedeutet es »achtsamkeitsbasierte Stressreduktion«. Das Programm ist mittlerweile weitverbreitet. Jon Kabat-Zinn definiert Achtsamkeit als eine Aufmerksamkeit, die

- absichtsvoll ist,
- sich auf den gegenwärtigen Moment bezieht (statt auf die Vergangenheit oder die Zukunft) und
- nicht wertend ist.[27]

Achtsamkeit setzt Konzentration voraus

Im Gegensatz zur klassischen Meditation wird bei der Achtsamkeit die Aufmerksamkeit nicht bewusst eingeengt, sondern weitgestellt. Um dazu jedoch in der Lage zu sein, ist eine gewisse Konzentrationsfähigkeit vonnöten. Denn normalerweise kreiert das Gehirn vielerlei Gedanken, die sich um vergangene Ereignisse drehen. Oder es fantasiert sich Zukunftsszenarien, oft schlechte. Um die Gedanken von diesem Automatismus wegzuführen und sie auf den gegenwärtigen Moment zu richten, muss man sich konzentrieren können. Ansonsten springen die Gedanken wieder stark hin und her, von der Vergangenheit zum gegenwärtigen Moment, zurück in die Vergangenheit oder zu einem anderen Thema. Je höher jedoch die Konzentrationsfähigkeit ist, umso länger gelingt es, die Aufmerksamkeit auf dem gegenwärtigen Moment zu halten.

Was »im Moment sein« bedeutet

Achtsamkeit kann man sowohl ruhig im Sitzen als auch während verschiedener Tätigkeiten praktizieren. Ich finde es besonders reizvoll, Achtsamkeit während alltäglicher Handlungen zu trainieren. Wenn ich etwas tue, was nicht meine volle Aufmerksamkeit benötigt, konzentriere ich mich auf den gegenwärtigen Moment. Wie fühle ich mich? Was denke ich? Wie geht es wohl den Personen in meiner Umgebung? Was passiert alles um mich herum? Was kann ich wahrnehmen? Diese

Fragen geben mir den inneren Anstoß. Wer das einige Zeit praktiziert, braucht die Fragen nicht mehr. Dessen Aufmerksamkeit ist automatisch auf die Körperempfindungen, auf die eigenen Gefühle und auf die Ereignisse um ihn herum gerichtet. Manchmal wird davon gesprochen, dass man »im Moment sein« soll. Genau das ist damit gemeint.

Das beobachtende Ich

Durch Achtsamkeit verändert sich die Eigenwahrnehmung. Normalerweise identifiziert man sich mit dem, was man denkt. Ich denke, ich bin ein aufgeweckter Typ, dann fühle ich mich dementsprechend, und dann bin ich das. Das ist noch ein recht hilfreicher Gedanke. Es gibt viele, die weniger hilfreich sind, wie »ich fühle mich überfordert«, woraufhin man sich tatsächlich überfordert fühlt. Schaltet man vom Normalzustand zu Achtsamkeit um, dann ist man nicht mehr das, was man denkt. Man wird zum Beobachter der Gedanken. Das Umlegen des Schalters ist wirklich verblüffend. Es ist so, als ob eine weitere »Ich-Einheit« in der Lage ist, sowohl Gedanken als auch Gefühle und die ganze Persönlichkeit zu beobachten. Man hat plötzlich zwei Ichs. Das eine Ich erlebt Gedanken und Gefühle, das andere Ich beobachtet die Person, die Gedanken und Gefühle hat. In so einem achtsamen Moment kann ich beobachten, wie dieser Typ, der ich bin, denkt, dass er aufgeweckt ist und wie er sich daraufhin gut fühlt. Diese weitere »Ich-Einheit« hat allerdings keine Gefühle, sie beobachtet nur. Besonders hilfreich ist die weitere »Ich-Einheit«, wenn sich dieser Typ, der ich bin, schlecht fühlt. Dann beobachtet diese weitere »Ich-Einheit« auch diese Gefühle, ohne selbst zu fühlen. Dadurch entsteht eine Lücke zwischen der »Ich-Einheit« und dem Typen mit seinen schlechten Gefühlen, der ich bin. Diese Lücke schwächt die Intensität der wahrgenommenen Gefühle. Das bewirkt Wunder. Denn wenn man zum Beobachter der Gefühle wird, treiben sie nicht mehr unbeaufsichtigt ihr Unwesen. Wenn man sie beobachtet, anstelle sie direkt zu erleben, ist der Automatismus unterbrochen. In so einem Moment kann man sich bewusst entscheiden, ob man sich entsprechend seinen Gefühlen verhalten möchte oder eben nicht.

Mit etwas Erfahrung in Meditation und Achtsamkeit kann man jederzeit vom Normalzustand in den achtsamen Zustand umschalten, indem die weitere »Ich-Einheit« alles beobachtet. Selbst Menschen, die nicht in Meditation und Achtsamkeit geübt sind, machen das unbeabsichtigt mehrmals täglich. Sie können in dem Zustand aber nicht länger als einige Sekunden verweilen. Durch Meditation und Achtsamkeit lernt man, ihn willentlich zu verlängern. Wer sich über Jahre und Jahrzehnte in Meditation und Achtsamkeit übt, kann diesen Zustand zum Normalzustand werden lassen.

Achtsam Gespräche führen

Für mich zeigen sich die Vorteile eines auf Achtsamkeit trainierten Gehirns besonders gut in Gesprächen. Anstatt automatisch meine Meinung herauszuplappern, beobachte ich kontinuierlich mich und die anderen. Bevor ich den Mund aufmache, überlege ich, was mich zum Reden motiviert. Verspüre ich einen Impuls, mich zu rechtfertigen, oder möchte ich mein Wissen präsentieren? Was ist meine Intention, mit der ich etwas sage? Wie reagieren meine Gesprächspartner? Sind sie eher entspannt oder nicht? Was mag in ihren Köpfen vorgehen? Mit diesen Fragen stoppe ich teilweise meine automatischen Handlungen. Gespräche verlaufen daraufhin anders. Ich fühle mich meinen Gesprächspartnern emotional näher und verstehe besser ihre Ansichten.

Achtsamkeit erhöht das Mitgefühl

Durch Achtsamkeit nimmt die Wahrnehmung der Gefühle zu. Interessanterweise kann man dadurch zudem die Gefühle anderer Menschen ebenso besser wahrnehmen. Ich kann mir das nur durch die Existenz von Spiegelneuronen erklären. Das sind spezielle Nervenzellen, sie wurden erst 1992 entdeckt. Da es nicht so einfach ist, sie beim Menschen zu untersuchen, wurden bisher die wichtigsten Studien hierzu an Affen durchgeführt. Spiegelneuronen führen dazu, dass neuronale Netze, die normalerweise während einer Handlung aktiv sind, die gleichen Aktivitätsmuster zeigen, wenn eine Handlung nur beobachtet wird. Betrachtet eine Person beispielsweise eine andere beim Laufen, sind im Gehirn des Betrachters die gleichen Nervenzellen aktiv, als ob er selbst laufen würde. In Bezug auf die Gefühle erkläre ich es mir wie folgt: Wir sind in der Lage, Angst, Scham, Wut oder Liebe und Freude bei anderen Menschen in den feinsten Nuancen wahrzunehmen, wenn wir diese Gefühle auch bei uns selbst wahrnehmen können. Wenn wir hingegen unsere Gefühle unterdrücken, verbannen wir sie aus unserem Bewusstsein. Erhalten wir von den Spiegelneuronen daraufhin Informationen über die Gefühle der anderen, die wir jedoch bei uns selbst nicht wahrnehmen wollen, landen auch diese im Unbewussten. Vergleichen kann man das mit einer Antenne. Wenn wir die Antenne zu unseren eigenen Gefühlen abschalten, funktioniert sie für die Gefühle anderer auch nicht mehr.

Verbessertes Zeitmanagement dank Achtsamkeit

Achtsamkeitstraining verbessert nicht nur die Beziehung zu anderen Menschen, sondern auch das Zeitmanagement. Einerseits, weil die Konzentrationsfähigkeit steigt und man tatsächlich seine Aufgaben schneller erledigt. Andererseits, weil bisher automatische Ängste, die häufig Grund für schlechtes Zeitmanagement sind, bewusst werden. Wenn sie bewusst sind, kann man sie infrage stellen. Wer beispielsweise Angst vor dem Versagen hat, der kann sich fragen, wie groß die Wahrscheinlichkeit zu versagen tatsächlich ist, insbesondere wenn er gewillt ist, sich täglich anzustrengen. Zusätzlich kann er sich auch vorstellen, was letztlich passieren würde, wenn er versagt. In den allerwenigsten Fällen wird man nämlich davon sterben. Es geht immer weiter, und selbst aus Niederlagen kann man lernen. Mit diesen veränderten Sichtweisen verändert man die Gedanken, die normalerweise Angst erzeugt haben. Mit den veränderten Gedanken verfliegt die Angst.

Praxis: Achtsamkeits-Test

Wer seine Achtsamkeitsfähigkeit einschätzen will, kann den folgenden Fragebogen ausfüllen. Er wurde von den deutschen Wissenschaftlern Nina Buchheld und Harald Walach erstellt. Es handelt sich um den Freiburger Fragebogen zur Achtsamkeit.

	fast nie	sehr selten	relativ oft	fast immer
1. Ich bin offen für die Erfahrungen des Augenblicks.				
2. Ich erkenne, dass ich nicht mit meinen Gedanken identisch bin.				
3. Ich spüre in meinen Körper hinein, sei es beim Essen, Kochen, Putzen, Reden.				
4. Wenn ich merke, dass ich abwesend war, kehre ich sanft zur Erfahrung des Augenblicks zurück.				
5. Ich kann mich selbst wertschätzen.				
6. Ich nehme wahr, wie sich meine Gefühle im Körper ausdrücken.				

7. Ich bleibe mit unangenehmen, schmerzhaften Empfindungen und Gefühlen in Kontakt.				
8. Ich achte auf die Motive meiner Handlungen.				
9. Ich lasse mich von meinen Gedanken und Gefühlen leicht wegtragen.				
10. Ich merke, dass ich nicht auf alles reagieren muss, was mir gerade in den Sinn kommt.				
11. Ich beobachte meine Gedanken, ohne mich mit ihnen zu identifizieren.				
12. Ich beobachte meine Gedanken, wie sie kommen und gehen.				
13. Ich verliere mich im Inhalt meiner Gedanken.				
14. Ich bin mir der Flüchtigkeit und Vergänglichkeit meiner Erfahrungen bewusst.				
15. Ich betrachte Dinge aus mehreren Perspektiven.				

16. Ich sehe, wie ich mir selbst Leiden erschaffe.			
17. Ich sehe meine Fehler und Schwierigkeiten, ohne mich zu verurteilen.			
18. Ich nehme meine Gefühle wahr, ohne auf sie reagieren zu müssen.			
19. Ich akzeptiere mich so, wie ich bin.			
20. Ich spüre auch in unangenehme Empfindungen hinein.			
21. Ich bin in Kontakt mit meinen Erfahrungen, hier und jetzt.			
22. Ich nehme unangenehme Erfahrungen an.			
23. Ich beobachte das Kommen und Gehen von Erfahrungen.			
24. Ich bin mir selbst gegenüber freundlich, wenn Dinge schieflaufen.			

25. Ich beobachte meine Gefühle, ohne mich in ihnen zu verlieren.				
26. In schwierigen Situationen kann ich innehalten.				
27. Ich wehre mich innerlich gegen unangenehme Gefühle.				
28. Ich erlebe Momente innerer Ruhe und Gelassenheit, selbst wenn äußerlich Schmerzen und Unruhe herrschen.				
29. Ich bin ungeduldig mit mir und meinen Mitmenschen.				
30. Ich kann darüber lächeln, wenn ich sehe, wie ich mir manchmal das Leben schwer mache.				

Auswertung: Je mehr Fragen man mit »fast immer« oder »sehr häufig« beantwortet hat, umso achtsamer ist man. Ausgenommen sind hiervon die Fragen 9, 13, 27, 29. Wenn man diese mit »fast nie« oder »sehr selten« beantwortet hat, zeugt das von einer hohen Achtsamkeit.

Achtsamkeit wirkt gegen Depression

Achtsamkeit wirkt gegen Depressionen, denn sie steigert die Fähigkeit, Gefühle willentlich zu regulieren. Durch das Beobachten entsteht eine Lücke zwischen dem Gefühl und dem Sein. Man beobachtet, dass man depressiv ist, aber man ist es nicht mehr in der gleichen Intensität. Schließlich gibt es gleichzeitig den Beobachter, der man ebenfalls ist und der nicht depressiv zu sein scheint, denn er kann das Geschehen neutral beobachten. Achtsamkeit hilft auch dabei, die negativen Gefühle wertfrei zu akzeptieren. Denn bei Depressionen entstehen häufig zwei Probleme: Das erste sind die depressiven Gedanken selbst. Das zweite ist die innere Bewertung der negativen Gedanken. Viele machen die Erfahrung, dass sie sich zusätzlich ablehnen oder noch schlechter fühlen, weil sie depressive Gedanken haben. Das verstärkt normalerweise die Depression. Wenn man hingegen in der Lage ist, zumindest die negativen Gedanken wertfrei anzunehmen, fällt der verstärkende Faktor weg.

Achtsamkeit wirkt besser als Entspannung

Eine Wissenschaftlerin und ein Wissenschaftler aus London untersuchten, inwieweit Achtsamkeitsübungen und geführte Entspannungstechniken gegen Depressionen helfen. Laut ihrer Untersuchung reduzieren beide Techniken die Trübsal. Jedoch konnten die Versuchsteilnehmer der Gruppe, die Achtsamkeitsübungen erlernten, ihre Gefühle besser regulieren. Die Wissenschaftler machen jedoch auch deutlich, dass das einmalige Erlernen der Übungen nicht ausreicht, um langfristig gesundheitliche Verbesserungen zu erzielen. Achtsamkeitsübungen müssen regelmäßig, am besten täglich, wiederholt werden.[28]

Sogar Selbstmordgedanken nehmen ab

Chronisch depressive Menschen haben häufig Selbstmordgedanken. Leider gibt es bislang wenige Ansätze, dem entgegenzuwirken. Ein Team von Wissenschaftlern aus Deutschland untersuchte, ob Achtsamkeitsübungen, die zusätzlich zur therapeutischen Betreuung durchgeführt wurden, Selbstmordgedanken reduzieren. Sie konnten eine signifikante Abnahme von Selbstmordgedanken feststellen. Sie ermittelten die gefährlichen Gedanken anhand eines klassischen klinischen Verfahrens. Insgesamt ging es den Probanden, die zu der normalen Therapie zusätzlich Achtsamkeitsübungen erlernten, besser als jenen, die das nicht taten.[29]

Achtsamkeit erleichtert den Umgang mit Erkrankungen

Wie sich eine gesteigerte Achtsamkeit auf den Umgang mit schweren Erkrankungen auswirkt, ist einer der am besten untersuchten Effekte der Kurse zur achtsamkeitsbasierten Stressreduktion. MBSR-Kurse zeigen gute Erfolge bei Krebs- und Schmerzpatienten, aber auch bei tödlich endenden Erkrankungen. Achtsamkeit verändert zwar nicht messbar die Symptome, an denen die Patienten leiden, aber sie lernen einen anderen Umgang mit ihnen. Das führt bei vielen zu einer Erleichterung.

Die Lebensqualität nimmt zu

Durch die gesteigerte Achtsamkeit können Patienten besser mit Stress umgehen, zeigen weniger negative Reaktionen gegenüber nötigen Behandlungen, haben mehr Lebensenergie und fühlen sich weniger erschöpft. Vielen Schmerzpatienten gelingt es, den Fokus vom Schmerz auf andere Dinge zu lenken. Das erhöht ihre Lebensqualität. Einige Patienten schöpfen sogar Kraft und zeigen Anzeichen von posttraumatischem Persönlichkeitswachstum. Dabei drehen Betroffene ihr Leiden um und nutzen es als Sprungbrett zu größerem Wohlbefinden. Sie sind dann zwar immer noch körperlich krank, aber mehr im Frieden mit sich, dem Leben und den ihnen nahestehenden Menschen. Weiterhin wurde festgestellt, dass Achtsamkeit Grübeln und Sorgen reduziert. Gleichzeitig steigt die wertfreie Akzeptanz des gesundheitlichen Zustands.[30,31,32]

Kraftgewinn durch Akzeptanz

Querschnittslähmungen, Amputationen oder andere Folgen schwerer Unfälle sind nicht rückgängig zu machen. Daher hilft hier nur akzeptieren, und zwar wertfrei. Wer sich selbst die Schuld für einen Unfall gibt oder denkt, er habe den Schicksalsschlag verdient, bewertet ihn. Das erschwert die Akzeptanz der Situation und kann das Leiden vergrößern. In Bezug auf andere Erkrankungen kann eine wertfreie Akzeptanz helfen, aktiv zu werden, beispielsweise bei Krebs. Diese Erkrankung ist Folge des Lebensstils oder einer Mischung aus Lebensstil und dem Kontakt mit krebserregenden Substanzen, wie Pflanzenschutzmittel oder anderen Chemikalien. Entweder wusste man es nicht besser und hat daher ungesund gelebt oder ist ungewollt in Kontakt mit den krebserregenden Substanzen gekommen. Oder man wusste um die Gefahr und hat es aufgrund automatischer Entscheidungen und Handlungen nicht geschafft, gesünder zu leben. Wenn man diese Umstände akzeptiert, erlangt man innere Kraft. Kraft, die man dringend braucht, um den Lebensstil zu verändern. Wenn man hingegen in Schuldzuweisungen sich selbst gegenüber oder Selbstkritik versinkt, richtet man seine Energie auf das Negative und auf das, was war. Das bindet Kraft und macht es schwerer, nach vorne zu schauen und aktiv den Lebensstil zu ändern.

Auch Angehörige profitieren

Achtsamkeit hilft nicht nur den Erkrankten, sondern auch den Familienmitgliedern der Betroffenen. Sie können die herausfordernde Situation durch die erhöhte Achtsamkeit besser akzeptieren. Insbesondere wenn Erkrankte von Familienangehörigen gepflegt werden, wirkt sich Achtsamkeit positiv aus. Pflegende leiden weniger unter Stress und Depressionen. Außerdem haben sie seltener Angst um ihre Angehörigen. Zudem wirkt sich die Achtsamkeit positiv auf das emotionale Verhältnis zwischen kranker und pflegender Person aus.[33,34]

Achtsamkeit reduziert Stress

In vielen Studien wurde gezeigt, dass Achtsamkeit Stress reduziert. Besonders häufig sind MBSR-Kurse Gegenstand der Untersuchungen, da sie in immer gleicher Weise durchgeführt werden. Das erhöht die Qualität von wissenschaftlichen Studien. Eine dieser vielen Studien stammt aus Australien. Psychologen untersuchten den Zusammenhang zwischen Achtsamkeit und Stress sowie dem Vermeiden unangenehmer Aufgaben. Sie verglichen die Ergebnisse der Teilnehmer der Achtsamkeitsgruppe mit zwei weiteren Gruppen. Die Probanden der einen weiteren Gruppe nahmen an Entspannungsübungen teil, und die der anderen erlernten Affirmationen wie »ich darf mich entspannen« oder »ich fühle mich stark und lebendig«. Das sind Affirmationen, die gegen Stress wirken sollen.

Wer achtsam ist, handelt entsprechend seinen Werten

Die Teilnehmer, die Achtsamkeit erlernten, reagierten nach dem absolvierten MBSR-Kurs auf Situationen, die Stress auslösen, entspannter. Darüber hinaus blieben sie unter Stress ihren Werten treu. Dieses Ergebnis finde ich erstaunlich. Ich gehe davon aus, dass die meisten Menschen positive Wertvorstellungen haben. Wie schön wäre es, wenn sie die durch gesteigerte Achtsamkeit auch leben würden.

Zielführend handeln

Die Wissenschaftler stellten außerdem fest, dass die Teilnehmer des Achtsamkeitskurses eine gesteigerte Selbstwirksamkeit zeigten. Selbstwirksamkeit bezeichnet die Fähigkeit einer Person, wünschenswerte Handlungen erfolgreich auszuführen. Menschen mit hoher Selbstwirksamkeit sind eher in der Lage, schwierige Situationen zu bewältigen. Eine hohe Selbstwirksamkeit gibt insgesamt ein gutes Lebensgefühl, denn wer sie besitzt, geht grundsätzlich davon aus, dass er durch seine Handlungen Dinge zum Besseren wenden kann. Weiterhin wurde in der Studie der australischen Psychologen deutlich, dass sich die Teilnehmer des Achtsamkeitskurses unangenehmen Aufgaben stellten. Die

Teilnehmer des Entspannungskurses oder jene, die Affirmationen erlernten, schoben unangenehme Aufgaben eher vor sich her.

Insgesamt profitierten die Teilnehmerinnen und Teilnehmer des MBSR-Kurses am meisten. Es zeigte sich jedoch, dass die unterschiedliche Wirksamkeit davon abhing, wie gestresst die Probanden waren. Waren sie nur geringfügig gestresst, wirkten Entspannungsübungen, Affirmationen und Achtsamkeitsübungen ähnlich. Waren sie jedoch sehr gestresst, zeigte das Achtsamkeitstraining die beste Wirkung.

Mit Achtsamkeit zur Führungspersönlichkeit

Zusammenfassend stellten die Wissenschaftler fest, dass Personen, die sich in Achtsamkeit üben, gewillt sind, sich herausfordernden Situationen zu stellen. Dadurch werden selbst hohe Arbeitsanforderungen als weniger stressig empfunden. Außerdem schieben Personen, die sich in Achtsamkeit üben, unangenehme Tätigkeiten nicht mehr auf die lange Bank. Auch das vermindert Stress. Die gesteigerte Selbstwirksamkeit ist besonders bemerkenswert. Denn durch Selbstwirksamkeit wird vermehrt Verantwortung übernommen. Dann kümmert man sich um die Dinge im Leben, die nicht stimmen, anstatt sich als Opfer der Umstände zu fühlen und handlungsunfähig zu bleiben.[35,36]

Achtsamkeit macht erfolgreich

Achtsamkeit zählt zu den wichtigsten Errungenschaften für ein erfolgreiches Leben. So beschreibt es zumindest der Business-Coach und Autor Matt Tenney. Laut ihm besteht das größte Problem im Leben darin, dass wir uns mit unseren Gedanken identifizieren. Genauso wird es auch in vielen spirituellen Traditionen gesehen. Wenn wir uns mit unseren Gedanken identifizieren, sind wir, was wir denken. Wir sind unzufrieden oder erschöpft, wir werden nicht wertgeschätzt oder nicht verstanden. Dann sind wir Opfer unserer eigenen Gedanken.

Durch Achtsamkeit wird man zum Beobachter. Man lernt nicht nur Gedanken wahrzunehmen, die einem zuvor nicht bewusst waren, man lernt ebenso, Gedanken objektiv zu betrachten.[37] Wenn man sich beispielsweise ärgert oder unsicher fühlt, dann ist man das nicht, sondern man beobachtet Ärger oder Unsicherheit in einem. Das ist ein Riesenunterschied! Das verändert auch die Art, wie man reagiert. Der Einfluss der Gefühle auf die Reaktion lässt nach, und die Fähigkeit, rational zu überlegen, nimmt zu. Man erkennt, warum eine Situation gewisse Gefühle auslöst, und kann die Gefühle hinterfragen. Man kann innehalten und reagiert nicht gleich automatisch. Anschließend handelt man entsprechend seiner Werte oder Ziele, also bewusst.

Auf den Punkt gebracht: Achtsamkeit führt zu Erfolg

Weil Achtsamkeit

- den Fokus erhöht,
- zu besserer Kommunikation führt,
- ermöglicht, Gefühle bewusst zu steuern,
- erleichtert, sinnvolle Prioritäten zu setzen
- und zielführende Entscheidungen zu treffen.

Achtsamkeit erhöht den Fokus

Durch Achtsamkeit steigt die Fähigkeit, Ablenkungen wahrzunehmen. Schnell fällt einem auf, wenn Gespräche mit Kollegen nur der Zerstreuung dienen oder man unnötig lange im Internet recherchiert. Man gesteht sich die Ablenkung zunächst ein. In der klassischen Meditation lernt man die Aufmerksamkeit immer wieder auf ein ausgewähltes Objekt oder einen Gedanken zurückzuführen. Diese antrainierte Fähigkeit kann man daraufhin auf Gespräche oder das Arbeiten übertragen. Driftet man ab und bemerkt es, führt man die Aufmerksamkeit zurück auf die zu bewältigende Aufgabe. Achtsamkeit und Meditation erhöhen zudem die Konzentrationsleistung. Somit kann man länger und intensiver an einer Aufgabe arbeiten. Insbesondere wenn Tätigkeiten durch aufwühlende E-Mails oder Telefonate unterbrochen werden, können

Personen mit gesteigerter Achtsamkeit besser reagieren. Es gelingt ihnen, die Gefühle zunächst zur Seite zu schieben und sich weiterhin auf ihre Arbeit zu konzentrieren. Die Gefühle werden aber nicht unterdrückt. Zu einem späteren Zeitpunkt holt man sie ins Bewusstsein und untersucht sie.

Achtsamkeit erhöht die Kommunikationsfähigkeit

Im Normalzustand sind die Gedanken vieler, selbst während sie Gespräche führen, mit anderen Dingen beschäftigt. Unbewusst denkt man eventuell darüber nach, wie man auf den Gesprächspartner wirkt, oder man ist damit beschäftigt, die ersten Ergebnisse eines Arbeitstreffens bereits gedanklich zu verwirklichen. Es gibt unzählige Möglichkeiten, warum man in einem Gespräch abwesend sein kann. Dann redet man weder bedacht noch hört man aufmerksam zu. Stattdessen spult man ein automatisches Programm ab. Durch Achtsamkeit werden einem Gedanken, die nichts mit dem Gespräch zu tun haben, vermehrt bewusst. Daraufhin kann man die Aufmerksamkeit willentlich auf den Inhalt des Gesprächs und den Gesprächspartner lenken. Mit der gesteigerten Achtsamkeit nimmt außerdem die Fähigkeit zu, in Gesprächen zwischen den Zeilen zu lesen. Dadurch erkennt man die wahren Gründe für Diskrepanzen schneller. Das ist sehr von Vorteil! Beispielsweise kann man dadurch viel schneller erkennen, warum ein Arbeitskollege unzufrieden ist. Denn häufig wird der wahre Grund nicht angesprochen. Das Gleiche passiert in Beziehungen. Wenn sich der Partner oder die Partnerin beispielsweise darüber ärgert, dass der andere Kleidungsstücke und Schuhe überall herumliegen lässt, geht es meist nicht um die Klamotten. Viel wahrscheinlicher ist es, dass bei dem, der sich gestört fühlt, eine Assoziation entsteht. Die verstreuten Kleidungsstücke rufen bei ihm das Gefühl hervor, dass der gemeinsame Raum nicht wertgeschätzt wird. Was sich nicht nur auf den physischen Raum bezieht, sondern vor allem auf den zwischenmenschlichen. Kein Wunder, wenn dann Unordnung Streitigkeiten auslöst. Das ist nur ein Beispiel.

Achtsamkeit hilft bei der Steuerung von Gefühlen

Eines vorweg: Die Steuerung von Gefühlen hat nichts mit dem Unterdrücken derselben zu tun! Bei der Steuerung kann man die emotionale Reaktion auf eine Situation bewusst wählen, oder man verschiebt das Fühlen auf später. Diese Fähigkeit ist für Erfolg im beruflichen wie im privaten Umfeld entscheidend. Denn immer wieder wird man mit Ereignissen konfrontiert, die man nicht vorhergesehen hat und die man auch nicht haben will. Anstatt emotional gesteuert zu reagieren, ermöglicht Achtsamkeit eine durchdachte und passende Reaktion auf die unangenehmen Ereignisse. Eine emotional gesteuerte Reaktion zeigt sich häufig als Flucht- oder Angriffsverhalten. Natürlich in der heutigen passenden Ausdrucksform. Flucht kann sich durch Aufschieben wichtiger Tätigkeiten zeigen. Oder dem Ignorieren von Telefonanrufen sowie E-Mail-Anfragen. Angriff zeigt sich in Gesprächen oder E-Mails in beleidigendem oder attackierendem Ton, die zudem meist unsachlich sind. Selbst das Bestreiten des Rechtsweges hat manchmal mehr mit emotional hervorgerufenem Angriffsverhalten als mit Rationalität zu tun. Durch erhöhte Achtsamkeit nehmen solche Reaktionen ab. Man investiert keine Gedanken, keine Zeit und keine Energie mehr in Streitigkeiten.

Achtsamkeit steigert die Qualität von Entscheidungen

Insbesondere bei wichtigen Entscheidungen sollten Gefühle keine zu große Rolle spielen. Ganz ausschalten wird man sie nie können, und das ist auch gut so, denn dann würde man sich gar nicht mehr entscheiden können. Darauf werde ich später noch einmal zu sprechen kommen. Zurück zum möglichst rationalen Entscheiden: Viele denken zum Beispiel gar nicht darüber nach, was es bedeutet, Kinder zu bekommen. Sie wünschen sich Nachwuchs, und dann bekommen sie ihn. Klappt nicht bei allen Paaren, aber bei vielen. Die wenigsten denken im Vorfeld über die Auswirkungen ihres Wunsches nach. Sie überlegen nicht, ob sie emotional ausreichend gefestigt sind und ob ihre Beziehung stark genug ist, um einem Kind alles bieten zu können, was es für ein geborgenes Heranwachsen braucht. Sie verdeutlichen sich nicht, wie ein Kind ihr Zusammenleben verändern wird und wie es ihre finanzielle Lage wandelt. Wer in Achtsamkeit geübt ist, der geht anders vor. Der Kinderwunsch wird zunächst wahrgenommen, doch dann von allen Seiten betrachtet. Nicht allein der Wunsch steuert das Verhalten, sondern eine umfassendere Analyse, bei der der Wunsch einen Faktor bildet. Durch Achtsamkeit reduziert sich daher die Gefahr, leichtsinnig Entscheidungen zu treffen, die weitreichende Folgen haben können.

Achtsamkeit steigert die Energie

Viele Menschen sorgen sich um ihre Zukunft oder empfinden ständig Stress. Andere beginnen immer wieder Streitereien. Das raubt Energie. Zukunftsangst, Stress und Streit beruhen auf Gedanken. Durch Achtsamkeit werden sie einem bewusst. Daraufhin kann man sie ändern. Dadurch verschwendet man keine Energie mehr in sie. Diese Energie kann man gezielt nutzen, um seine Ziele zu erreichen.[38]

Auf den Punkt gebracht: Achtsamkeit macht glücklich

Durch Achtsamkeit nimmt Angst ab, man regt sich nicht mehr so häufig auf, man akzeptiert die Dinge, die nicht zu ändern sind. Außerdem steigt durch Achtsamkeit das Mitgefühl für andere, das macht uns zu besseren Menschen und vor allem glücklich.

Innehalten – der Schlüssel für konsequentes Handeln

Meditation und Achtsamkeit sind die Grundlage, um unbewusste Gedanken, Gefühle und Entscheidungen ins Bewusstsein zu heben. Es gibt jedoch viele weitere Techniken, mit denen man automatische Handlungen stoppt. Allen gemeinsam ist ein kleiner Augenblick, in dem man innehält. Je mehr man meditiert und sich in Achtsamkeit übt, umso häufiger entstehen diese wertvollen Momente von selbst. Auf den folgenden Seiten werde ich einige Möglichkeiten beschreiben, wie man das Innehalten auf verschiedene Weisen nutzen kann.

In sich hineinhorchen

Oft wissen wir mehr als wir denken. Das hört sich etwas absurd an. Ich sage auch manchmal, dass wir klüger sind als unser Gehirn. Wie ich darauf komme? Es gibt da diese Aha-Momente, wo uns plötzlich etwas klar wird. So entstehen nicht nur neue Erfindungen, ich erlebe ebenso Aha-Momente, in denen mir Entscheidungen und Handlungen klar werden, die zuvor automatisch abgelaufen sind. Im Normalzustand wiederholen sich im Gehirn fast immer gleiche Gedanken. Ich stelle es mir wie eine graue Wolke vor, die mein Gehirn vollstopft. In den ruhigen Momenten, in denen ich bewusst in mich hineinhorche, in denen ich innehalte, verschwindet die graue Wolke.

Vor einigen Wochen wollte meine Freundin mit mir einen Urlaub in so einer weißen Hotelanlage am Mittelmeer buchen. Immer wenn wir über den Urlaub gesprochen haben, fühlte ich mich unwohl, aber genau erklären konnte ich es nicht. Das muss die graue Wolke gewesen sein. Ich liebe schließlich meine Freundin und verbringe sehr gerne Zeit mit ihr. Beim ersten in mich Hineinhorchen wurde mir nur klar, dass hier etwas nicht stimmt. Ich wusste jedoch noch nicht, was. Dann, nach einem weiteren Gespräch, bei dem ich dieses ungute Gefühl wahrgenommen habe, habe ich mir nochmals Zeit genommen, um in mich hineinzuhorchen. Und dann war es klar: Ich mag keine Strandurlaube in Hotelanlagen. Ich wäre nur ihr zuliebe dort hingefahren. Ich bin viel lieber aktiv, gehe mountainbiken, tauchen oder auf Entdeckungsreise. Mir wurde auch klar, dass ich mich während des Urlaubs wahrscheinlich täglich hätte verbiegen müssen, um meiner Freundin vorzumachen, dass ich ihn genieße. Das wollte ich nicht. Mit dieser Erkenntnis habe ich das Gespräch mit ihr gesucht. Sie konnte mich gut verstehen. Daraufhin haben wir ein Urlaubsziel gefunden, welches uns beiden zusagte.

Akzeptieren, was ist

Wie oft regt man sich über Dinge auf, die nicht zu ändern sind. Der verspätete Zug, das Wetter, steigende Benzinkosten. Der gegenwärtige Moment wird vom Ärger überschattet, das Leben ist doof. Kurz vor der Corona-Krise habe ich eine dazu äußerst passende Beobachtung gemacht. In einigen Ländern griffen die ersten Einschränkungen aufgrund von Corona. Unser Reiseziel war davon jedoch nicht betroffen. Am Flughafen lernten wir ein österreichisches Paar kennen. Sie waren verzweifelt und völlig aufgelöst, denn an ihrem Ferienziel galten bereits strikte Regeln, und ihr Hotel war geschlossen. Ihnen wurde eine Alternative angeboten, nämlich unser Hotel. Wir halfen bei der Kommunikation auf Englisch und schwärmten vom wunderschönen Urlaubsort und besonders vom guten Essen.

Während unseres Urlaubs trafen wir sie immer wieder, sie waren mit allem unzufrieden. Sie konnten die Sonne und das Meer nicht genießen, und ihnen schmeckte nicht einmal das Essen. Ihre eigenen Erwartungen standen im Weg, sie wollten mehr Entertainment, laute Musik und wahrscheinlich eher einen Partyurlaub. Dabei gab es so viele Möglichkeiten, den Tag schön zu gestalten.

Auf den Punkt gebracht: Gelassenheit braucht Weisheit

Der US-amerikanische Theologe, Philosoph und Politikwissenschaftler Reinhold Niebuhr (* 1892, † 1971) formulierte ein Gebet, das so beginnt:

Gott, gib mir die Gelassenheit,
Dinge hinzunehmen, die ich nicht ändern kann,
den Mut, Dinge zu ändern, die ich ändern kann,
Und die Weisheit, das eine vom anderen zu unterscheiden.

Einstellungen kann man immer ändern

Übrigens kann man eines immer ändern, das erfordert allerdings etwas Übung. Und zwar, wie man über eine Situation denkt und sie empfindet. Denn das ist nicht in Stein gemeißelt. Einer der ersten Schritte ist es, die Gegenwart zu akzeptieren, wie sie ist. Das bedeutet nicht, dass man untätig bleibt. In dieser Art kann man beispielsweise Diagnosen schwerer Erkrankungen annehmen. Die Diagnose geht nicht weg, wenn man mit ihr hadert, wenn man sie nicht wahrhaben will oder wenn man sich über sich selbst aufregt, dass es so weit gekommen ist. Die Diagnose kümmert sich darum nicht, sie bleibt. Daher sind alle negativen Gedanken Energieverschwendung. Energie, die man viel besser in die Lösung des Problems investieren sollte. Innehalten hilft, um zunächst die Gedanken wahrzunehmen, die sich gegen die Situation wehren, und sie dann zu verändern.

Ja zu unangenehmen Gefühlen

Viele denken immerzu über Dinge nach, die sie nicht haben wollen, seien es Konflikte oder andere Sorgen. Teilweise geschieht dies unbewusst. Wenn man sich jedoch ständig mit den störenden Dingen beschäftigt, beeinflussen sie die Wahrnehmung des gegenwärtigen Moments. Regt man sich beispielsweise über seinen Partner oder seine Partnerin auf und sitzt kurze Zeit später in einer wichtigen Projektbesprechung, nimmt man Redebeiträge gefiltert wahr. Und zwar höchstwahrscheinlich mit einem Frust-Filter. Fällt ein unqualifizierter Vorschlag, kann es viel schneller passieren, dass man den Beitrag harsch kritisiert oder laut wird. Hätte man sich kurz vorher nicht über den Lebenspartner aufgeregt, würde man den Beitrag vielleicht sogar als auflockernden Witz verstehen.

Wie man das Gedankenkarussell anhält

Gedanken kreisen normalerweise um die ungewollte Situation, weil man weder die Situation noch die damit einhergehenden Emotionen haben möchte. Sie sollen weggehen. Doch anstatt dass sie weggehen, bleiben oder verstärken sie sich durch das Gedankenkarussell. Man kann das ändern, indem man sich ein »Ja« zu unangenehmen Gefühlen antrainiert. Dann merkt man, dass es unangenehm ist, aber man möchte das unangenehme Gefühl nicht mehr weghaben. Dadurch lässt das Gedankenkarussell nach. Außerdem wird einem durch das »Ja« zu den unangenehmen Gefühlen eher bewusst, in welchem emotionalen Zustand man sich überhaupt befindet. Man erlangt das »Ja« zu unangenehmen Gefühlen, indem man kurz innehält und sich selbst zu diesem »Ja« auffordert.

Gedanken und Gefühle frei wählen

Durch Meditation und Achtsamkeit nimmt man vermehrt Gedanken und Gefühle wahr, die einem zuvor nicht bewusst waren. Zu Beginn kann das sehr ungewohnt und unangenehm sein. So wird es jedoch nicht ewig bleiben. Denn wenn einem Gedanken bewusst werden, kann man sie ändern.

Negativen Gefühlen den Schrecken nehmen

Wissenschaftler aus den USA fanden heraus, dass Achtsamkeit die Fähigkeit erhöht, mit negativen Gefühlen besser umzugehen. Hierzu untersuchten sie 68 Frauen, die bisher keine Erfahrungen mit Achtsamkeitsübungen hatten. Die eine Hälfte der Gruppe nahm an einer 18-minütigen Achtsamkeitsübung teil, die andere hörte sich ein Sprachlernprogramm an. Direkt im Anschluss wurden ihnen aufwühlende Fotos gezeigt, wie beispielsweise das einer blutüberströmten Leiche. Die Probandinnen sollten die Bilder möglichst achtsam betrachten. Währenddessen wurde die Gehirnaktivität mithilfe am Kopf angebrachter Elektroden gemessen. Anschließend füllten die Testpersonen einen Fragebogen aus. Die Aufzeichnungen der Nervenimpulse wie auch die

Antworten auf die Fragen ergaben ein klares Bild: Teilnehmerinnen der Achtsamkeitsübungen erholten sich schneller von den negativen Emotionen.[39]

Gefühle zulassen, damit sie verschwinden

Wenn man darin geübt ist, Gedanken und Gefühle zuzulassen, kann man mit ihnen anders umgehen, als wenn man sie unterdrückt. Wenn man beispielsweise Ärger, Trauer oder Wut bewusst spürt, verschwinden die Gefühle schneller wieder, als wenn man sich nicht erlaubt, ärgerlich, traurig oder wütend zu sein. Gefühle erfüllen wichtige Aufgaben, daher sollte man ihnen die nötige Aufmerksamkeit schenken. Sie liefern Informationen darüber, was passiert. Die Information ist jedoch nie neutral, sondern besteht aus einer Mischung externer Faktoren und der Art und Weise, wie die externen Faktoren vom Gehirn interpretiert werden. Die Interpretation ist von vorherigen Ereignissen abhängig. Sie ist aber auch jederzeit änderbar, indem man sich antrainiert, anders über die Geschehnisse, die das Gefühl ausgelöst haben, zu denken. Daher sollte man sich angewöhnen, so viele Gefühle wie möglich wahrzunehmen und sich zu fragen, woher sie kommen.

Praxis: negative Gefühle hinterfragen

Wenn man ärgerlich oder traurig ist, wenn man sich ausgeschlossen oder übergangen fühlt, kann man sich Folgendes fragen:

1. Welche Gedanken führen zu meinem gegenwärtigen Gefühl?
2. Kann ich anders über die Situation denken?
3. Wie würde ich mich in der gegenwärtigen Situation gerne fühlen?
4. Welche Gedanken helfen mir, dass ich mich in der gegenwärtigen Situation so fühle, wie ich mich gerne fühlen möchte?

Erst klar fühlen, dann bewusst entscheiden

Gefühle und rationales Denken beeinflussen gemeinsam Entscheidungen. Davon ist zumindest der portugiesische Neurowissenschaftler António Damásio überzeugt. Er stellte diese Theorie unter anderem aufgrund des Kontakts mit einem seiner Patienten auf. In der Literatur heißt der Patient Elliot. Er hatte einen Tumor im präfrontalen Cortex, der ihm entfernt wurde. Nach der Operation schnitt er bei einem Intelligenztest genauso gut ab wie zuvor, er zeigte keine Einschränkungen hinsichtlich seiner körperlichen Bewegungen und konnte hören, riechen, schmecken sowie tasten. Aber er hatte keine Gefühle mehr, und er konnte sich nicht mehr entscheiden. Der Neurowissenschaftler Damásio schloss daraus, dass Gefühle die Grundlage für Entscheidungen bilden. Es gibt weitere wissenschaftliche Untersuchungen, die zu ähnlichen Ergebnissen kommen. Daher sind Achtsamkeit und Meditation für zielführende Entscheidungen so wichtig. Denn durch sie werden einem Gefühle bewusst, die zuvor im Unbewussten gelegen haben.

Doch gerade in Situationen, in denen man gestresst ist oder Angst hat, ist die Gefahr groß, dass man seine antrainierte Achtsamkeit wieder verliert. Es ist wichtig, sich dieser Tatsache immer wieder bewusst zu werden. Denn der Mangel an Achtsamkeit wirkt sich negativ auf das Entscheidungsverhalten aus. Bevor man etwas entscheidet, sollte man daher innehalten, einen möglichst achtsamen Zustand erreichen und sich möglichst vieler Gefühle bewusst sein. Man kann sich hierzu selbst befragen: Habe ich Angst? Wenn ja, wie wirkt sie sich auf meine Sicht auf die Situation aus? Bin ich ärgerlich? Wenn ja, zu welcher Handlung treibt mich der Ärger an?

Meditation und Achtsamkeit bringen Licht ins Dickicht der Gefühle

Einige Gefühle verändern sich, wenn man nur anders über eine Situation nachdenkt. Doch auch hier ist etwas Vorsicht geboten, man sollte sich nicht alles schönreden. Gefühle geben wichtige Hinweise, die man nutzen sollte. Hat jemand beispielsweise immer wieder Existenzangst und registriert diese, kann er der Sache auf den Grund gehen. Ist die Angst begründet? Das ist sie in den allermeisten Fällen übrigens nicht. Hat er die Angst von seinen Eltern übernommen? Oder gab es in der frühen Kindheit Ereignisse, die zu dieser Angst geführt haben können? Was ist ihm in den letzten Jahren widerfahren, wurde jemals seine Existenz ernsthaft bedroht? All das hilft, Klarheit in die Gefühle zu bringen. Daraufhin ist es möglich, zielführender zu entscheiden und zu handeln.

Vor der Reaktion dreimal tief durchatmen

Wenn eine Situation negative Gefühle hervorruft, sollte man nicht gleich reagieren, sondern innehalten. Ich habe es mir im beruflichen wie im privaten Kontext angewöhnt, möglichst selten unter dem Einfluss starker negativer Gefühle zu reagieren. Stattdessen ziehe ich mich erst einmal zurück, konzentriere mich auf meinen Atem und nehme meine Gefühle wahr. Manchmal erlaubt es die Situation nicht, mit der Reaktion bis zum nächsten Tag zu warten, dann muss ich handeln, selbst wenn ich noch emotional bewegt bin. Auch unter Zeitdruck helfen drei tiefe, ruhige Atemzüge.

Praxis: Erste Hilfe bei starken Emotionen

- Mindestens dreimal tief durchatmen.
- Auf den Atem konzentrieren.
- Beobachten, wie man innerlich ruhiger wird.

Starke Emotionen reduzieren geistige Leistungen

Insgesamt ist es ratsam, sich der eingeschränkten Kapazität des Gehirns unter dem Einfluss starker Emotionen bewusst zu sein. Das gilt sowohl für positive wie negative Emotionen und erklärt unter anderem die rosarote Brille während des Verliebtseins. Unter dem Einfluss starker Emotionen selektiert das Gehirn Informationen noch stärker als sonst. Außerdem antizipiert es mögliche Handlungskonsequenzen nur rudimentär. Als Gegenmittel hilft, dreimal tief durchzuatmen, innezuhalten. Die Intensität der Gefühle nimmt etwas ab und die Wahrscheinlichkeit steigt, zielführende Entscheidungen zu treffen.

Zu spät? – die nächste Chance kommt bestimmt

Manchmal gelingt es nicht, unter dem Einfluss von Emotionen dreimal tief durchzuatmen oder abzuwarten. Dann übernimmt der Automatismus. Dann bleibt nur noch zu hoffen, dass man kein Unheil anrichtet. Übrigens geschehen die meisten strafrechtlich verfolgten Körperverletzungen und Morde auf diese Weise. Sie werden nicht bewusst auf lange Sicht geplant. Sie geschehen, weil Menschen nur noch von ihren Gefühlen gesteuert werden und die Folge ihrer Handlungen nicht mehr abschätzen können. Aber das ist die Spitze des Eisberges. Viel häufiger kommt es zu verletzenden Äußerungen, zu verbalen Auseinandersetzungen oder zu zerschmetterten Gegenständen. Auch wenn man während der Situation von automatischen Entscheidungen und Handlungen gesteuert wurde, hilft es, im Nachhinein das Geschehene zu rekonstruieren. Man kann sich fragen, was genau zu der starken emotionalen Reaktion geführt hat. Oder warum man sich derart angegriffen fühlte. Mit diesen Fragen bringt man mehr Bewusstheit in das Geschehen. Um den Automatismus zu verändern, hilft auch zu visualisieren. Hierzu stellt man sich vor, wie man in Zukunft, in einer ähnlichen Situation reagieren möchte. Während des Visualisierens aktiviert man bereits die Nervenzellen, die auch aktiv werden, wenn die vorgestellte Situation tatsächlich eintritt. Je häufiger und intensiver man sich seine Wunschreaktion vorstellt, umso größer ist die Wahrscheinlichkeit, dass man bei Bedarf in der gewünschten Art reagiert.

Ich habe keinen Bock,
daher mache ich es jetzt erst recht

Wenn man nicht das tut, was dringend erledigt werden muss, sondern das, worauf man gerade Lust hat, sind meist automatische Entscheidungen und Handlungen am Werk. Dann trifft man sich abends mit Freunden in der Bar, obwohl man die Wohnung seit vier Wochen weder aufgeräumt noch geputzt hat. Wäre man in der Lage, seine Handlung nicht daran auszurichten, wozu man Lust hat, sondern danach, was dringend zu tun ist, würde man zu Hause bleiben und putzen.

Dieses Verhaltensmuster kann man sich systematisch abtrainieren. Dann macht man bewusst das, wozu man keinen Bock hat. Am besten beginnt man nur mit den kleinen Tätigkeiten, die einem zuwider sind. Dann steigert man sich.

Praxis: Weg mit keinen Bock!

1. Man schreibt eine Liste mit den Top 5 der Dinge, die zu tun sind, auf die man aber keine Lust hat.
2. Dann wählt man ein bis drei der Aktivitäten aus und erledigt sie noch heute.

Manchmal reicht bereits, das Kein-Bock-Gefühl bewusst wahrzunehmen. Dann entscheidet man nicht mehr vollkommen automatisch, sondern man ist sich zumindest darüber im Klaren, dass man etwas nicht erledigt, weil man keinen Bock hat. Dann treibt zwar immer noch das Gefühl die Handlung an, aber man ist sich des treibenden Gefühls zumindest bewusst. Wenn man das einige Zeit praktiziert, verliert das Gefühl, keinen Bock zu haben, an Macht. Dann wird es immer leichter, Dinge zu tun, die man nicht mag.

Mir fällt es schwer, aber ich bleibe dran

Oft drückt man sich vor Tätigkeiten, die einem schwerfallen oder die neu sind. Denn fast jeder hat schon einmal die Erfahrung gemacht, etwas nicht zu schaffen. Sei es eine Prüfung, eine berufliche Aufgabe oder ein wichtiges Klärungsgespräch mit dem Freund oder der Ehepartnerin. Diese negativen Erfahrungen will man nicht noch einmal erleben und bleibt untätig. Auf der anderen Seite haben viele von uns erfahren, wie schön es ist, wenn man eine schwierige Aufgabe bewältigt hat oder wenn man neue Fertigkeiten erlernt. Das schöne Gefühl kommt daher, weil im Gehirn das Belohnungssystem aktiviert wird. Steht man vor einer neuen unbekannten oder schwierigen Aufgabe, fühlt man in ähnlicher Weise wie in vergangenen Situationen. Je nachdem, ob man häufiger Erfolg oder Misserfolg erlebt hat, und je nachdem, wie intensiv das Gehirn dazu Gefühle produzierte, treten diese wieder auf, wenn man über die Aufgabe nachdenkt. Haben negative Gefühle die Überhand und man ist sich ihrer nicht bewusst, ist die Wahrscheinlichkeit groß, dass man sich vor einer Aufgabe drückt.

Gefühle richtig zuordnen

In so einem Fall ist es wichtig, die Gefühle zunächst wahrzunehmen und ihnen den richtigen Platz zuzuordnen. Sie gehören zu den vergangenen Ereignissen. Das Gehirn möchte einen zwar mit dem Hervorbringen dieser Gefühle auf das neue Ereignis vorbereiten, aber es kann auch komplett falsch liegen. Daher sage ich häufig, dass wir klüger sind als unser Gehirn. Das sind wir aber nur, wenn wir die Kontrolle darüber gewinnen, was darin passiert.

Gefühle steuern unser Handeln, aber mit unseren Gedanken können wir auch unsere Gefühle steuern. Wenn man nun vor einer herausfordernden Aufgabe steht und bereits häufiger Misserfolge erlebt hat, besteht der erste Schritt darin, die Gedanken und Gefühle bewusst zu ändern. Beispielsweise kann man sich darauf konzentrieren, wie viele Fertigkeiten man durch die neue Aufgabe erlernen wird, die man auch später im Leben gut gebrauchen kann. Oder man konzentriert sich nur auf den ersten, überschaubaren Schritt und stellt sich vor, wie es sich anfühlt, wenn man ihn bereits bewältigt hat. In Gedanken kann man die Freude oder den Stolz bereits genießen. Das wird es leichter machen, die Aufgabe anzugehen.

Auf den Punkt gebracht: Dranbleiben

»Ein guter Anfang braucht Begeisterung, ein gutes Ende Disziplin.« Dieser treffende Satz stammt von Prof. Dr. Hans-Jürgen Quadbeck-Seeger, Chemiker und Autor.

Davor habe ich Angst, los geht's

Angst kann in vielen Situationen auftreten. Wenn man beispielsweise seine Vision verwirklichen will, wird man fast immer mit Herausforderungen konfrontiert, die man zuvor niemals bewältigen musste. Das kann Angst auslösen. Weil einem die Erfahrung fehlt, kann man nicht abschätzen, ob man den Aufgaben gewachsen ist. Man wird es jedoch nur herausfinden, wenn man es ausprobiert. Das bedeutet, trotz Angst die nötigen Schritte Richtung des Unbekannten zu gehen. Solange man sein Leben in gewohnten, wenn auch unbefriedigenden Bahnen lebt, halten sich Unsicherheiten in Grenzen. Das ist zumindest das Gefühl. Denn Ereignisse, die schlagartig das Leben verändern, können jedem jederzeit widerfahren. Wenn man neue Wege einschlägt, bemerkt man allerdings die vielen Unsicherheiten bewusster. Insbesondere wenn man große Summen Geld investiert, sich für ein Kind entscheidet oder andere lebensverändernde Entscheidungen trifft. Manchmal kann Angst gute Warnhinweise geben. Sie sollte man ernst nehmen und Entscheidungen überdenken. Welche Konsequenzen können durch bestimmte Entscheidungen auftreten? Führen sie einen eher hin zum Traumleben oder davon weg? In vielen Situationen wirkt Angst jedoch nicht als Warnhinweis, sondern als Bremsklotz.

Lässt man sich von Ängsten blockieren, lebt man in einem ständigen Dilemma. Eigentlich würde man gerne das eine oder andere realisieren, aber aus Angst bleibt man untätig. Das fühlt sich auf Dauer wie eine riesige Niederlage an. Wenn man hingegen das angeht, wovor man Angst hat, und auch noch erfolgreich ist, passiert etwas Wertvolles: Die Angst verschwindet! Wenn man eine Herausforderung einmal gemeistert hat, kann man sie auch wieder meistern. Wer diese Erfahrung macht, traut sich immer größere Projekte zu. Wenn man hingegen aufgrund von Angst untätig bleibt, bleibt auch die Angst.

20 weitere Minuten

Wenn man vor einem Berg an Aufgaben steht, kann das überwältigend wirken. Einige wissen dann nicht, wo sie anfangen sollen, und widmen sich stattdessen Tätigkeiten, die übersichtlicher sind, aber nichts mit ihren eigentlichen Zielen zu tun haben. Dann wird das Bücherregal im Büro neu sortiert, Unterlagen abgeheftet oder gestaubsaugt. Der Berg wird dadurch jedoch nicht kleiner, sondern gefühlt größer. Beim nächsten Versuch, die Aufgabe endlich zu beginnen, kann es noch schwieriger werden, den Anfang zu finden. Ich habe mir angewöhnt, in solchen Situationen eine Aufgabe herauszupicken und mich mindestens 20 Minuten mit ihr zu beschäftigen. Oft arbeite ich dann sogar länger als 20 Minuten an ihr. Aber das Vorhaben, mich nur 20 Minuten intensiv der Aufgabe zu widmen, erleichtert mir den Start. 20 Minuten vergehen schnell, was soll es, die kann ich investieren. Da ich den Berg nicht weiter vor mir herschiebe, sondern zumindest am Fuße des Berges die ersten kleinen Schritte bergauf gehe, erscheint der Berg danach nicht mehr als unlösbares Hindernis. In vielen weiteren 20-Minuten-Paketen werde ich dann den Berg bewältigen, dessen bin ich mir sicher.

Auch wenn ich keine Lust mehr habe weiterzuarbeiten oder bereits müde bin, sage ich mir häufig: »Nur weitere 20 Minuten, aber die voll konzentriert«. Es ist faszinierend zu beobachten, was man mit diesem Vorsatz in 20 Minuten erledigen kann.

Nicht jeden Gedanken glauben

Innerlich lache ich manchmal über Menschen, die an Chemtrails glauben. Das sollen Chemikalien sein, die von Flugzeugen ausgebracht werden und sich als langlebige Kondensstreifen zeigen. Laut der dazugehörigen Verschwörungstheorie wird dadurch gezielt die Bevölkerung reduziert. Für Menschen, die daran glauben, ist das Realität. Sie bestimmt daraufhin ihr Denken und ihr Handeln. Ist ein Kondensstreifen für lange Zeit wieder am Himmel zu sehen, steigt ihre Angst, vergiftet zu werden. In diesem Fall finde ich es leicht, das Gegenteil zu beweisen. Aber wie sieht es mit einigen meiner Gedanken aus?

Ich mache immer wieder die Erfahrung, dass sich Geschäftspartner, Freunde oder auch meine Partnerin nicht an Vereinbarungen halten. Oft denke ich dann, ich kann ihnen nicht vertrauen. Aber ist das wirklich so? Wenn ich nachfragte, warum sie sich an die Vereinbarung nicht gehalten haben, stellte sich immer mal wieder heraus, dass sie sie schlichtweg vergessen hatten. Sie haben somit nicht bewusst ein Versprechen gebrochen, sondern unbewusst. Ist somit mein Gefühl, ihnen nicht vertrauen zu können, angebracht? Ich habe beschlossen, dass ich ihnen durchaus weiterhin vertrauen kann, denn sie haben mich nicht bewusst betrogen. Würde ich in so einem Moment meinen ersten Gedanken (ich kann ihnen nicht vertrauen) zu meiner Realität werden lassen, dann würde diese Realität meine weiteren Entscheidungen und Handlungen prägen. Dabei ist es gar nicht sicher, ob der Gedanke stimmt. Um meine eigenen Annahmen überdenken zu können, muss ich oft innehalten und den gegenwärtigen Gedankenfluss bewusst stoppen.

Fiktive Realitäten

Täglich beurteilen wir das Verhalten anderer und glauben daraufhin fest an unser Urteil. Im Grunde genommen spinnt man sich ständig Geschichten zurecht, an die man dann glaubt. Daraufhin verändert sich die Wahrnehmung. Man filtert unbewusst die Informationen heraus, die zu den ersponnenen Geschichten passen. Das lässt sie immer realer werden. Diese Realität beeinflusst dann wiederum Entscheidungen und Handlungen. Ich will nicht wissen, wie viele Ehen geschieden wurden, nur weil ein Partner vom anderen angenommen hat, dass er fremdgegangen ist. Wenn dann der des Fremdgehens Beschuldigte das Gegenteil behauptet, wird es als Lüge abgetan und als weiterer Beweis für das Fremdgehen herangezogen. Alles nur Gedanken, die nicht unbedingt stimmen müssen. Daher habe ich mir angewöhnt, nicht jeden meiner Gedanken zu glauben. Ich weiß schlichtweg häufig nicht, was wirklich vorgeht.

Große Entscheidungen: Wünsche, Gier und Angst

Wenn ein Wunsch in Erfüllung geht, wird im Gehirn das Belohnungssystem aktiv. Es werden körpereigene Opiate, Endorphine sowie weitere Botenstoffe ausgeschüttet. Man fühlt sich gut. Dieses Gefühl hält nicht ewig an. Aber die Erinnerung an das gute Gefühl bleibt. Daher wollen die meisten immer mehr. Einige Menschen werden regelrecht süchtig danach. Sie wollen die Karriereleiter immer weiter hochsteigen oder immer bessere sportliche Erfolge erlangen, immer schnellere Autos fahren usw. Sie sind süchtig nach dem Gefühl des Erfolgs. Insbesondere wenn man große Projekte plant, kann das zum Fallstrick werden. Automatisch assoziiert man mit der Verwirklichung großer Wünsche unglaubliches Glück. Wenn man aber zu groß plant, ist es manchmal nur möglich, den Wunsch unter großen Einbußen an Lebensqualität zu verwirklichen.

Passende Wünsche

Wünsche zu haben ist trotzdem gut. Sie sollten jedoch zu den Fähigkeiten einer Person passen. Wünsche setzen im Gehirn Dopamin frei, das wirkt motivierend. Aber es kommt auf die richtige Mischung an. Wünsche dürfen nicht zu klein und nicht zu groß sein. Wenn sie zu groß sind, können sie auch Angst und Stress erzeugen. Sind sie zu klein, bleibt man auf der Stelle stehen. Achtsamkeit hilft auch hier, eine kritische Haltung zu den eigenen Wünschen einzunehmen. Durch Achtsamkeit steigt zudem die Fähigkeit, im Geiste verschiedene Szenarien durchzuspielen und sich deren Konsequenzen vor Augen zu führen.

Gier macht einsam

Der Physiker Stephen Hawking zählte Gier zu den größten Gefahren für die Menschheit.[40] Gier ist das übersteigerte Streben nach materiellem Besitz. Es wird auch als rücksichtsloses Streben nach Gewinn um jeden Preis definiert. Gier in der Wirtschaft führt zur Ausnutzung von Angestellten, zu Steuerhinterziehungen, Umweltzerstörung und Betrug. Wissenschaftler der Freien Universität Berlin und der Julius-Maximilians-Universität in Würzburg haben festgestellt, dass gierige Personen weniger sensibel gegenüber ihrer Umwelt sind.[41] Sie registrieren zunächst nicht, was ihr Verhalten anrichtet, sondern sehen nur ihren Vorteil. Gier beginnt allerdings schon im Kleinen. Alltägliche Gier ist weitverbreitet. Daher lohnt es sich, auch hier selbstkritisch zu sein. Einnahmen dem Finanzamt zu verheimlichen oder Handwerker schwarz zu bezahlen sind Anzeichen von Gier. Genauso die Angewohnheit, immerzu die billigsten Lebensmittel zu kaufen, obwohl man sich teurere leisten könnte und an denen die Erzeuger ebenfalls mehr verdienen. Gieriges Verhalten zeigt sich ebenfalls, wenn Unternehmen ihren Angestellten nur geringe Gehälter zahlen, obwohl sie sie besser bezahlen könnten. Wer sich hinsichtlich dieser vermeintlich nebensächlichen oder gesellschaftlich akzeptierten Gier nicht kontrollieren kann, der läuft eher Gefahr, bei großen Entscheidungen Fehler zu machen. Auch hier hilft innehalten und selbstkritisches Beobachten.

Den inneren Dialog nutzen

In vielen der bereits beschriebenen Situationen kommt es zu einem inneren Dialog. Ich habe häufig das Gefühl, dass eine zweite Person auf meiner Schulter sitzt. Sie kommentiert, was ich tue. In manchen dieser Gespräche sagt sie: »Mein Gott, rede den anderen doch nicht nach dem Mund.« Oder in anderen Situationen sagt sie: »Was machst du denn da?« Bestimmt erlebt nicht jeder den inneren Dialog in Form einer zweiten Stimme, die auf der Schulter sitzt. Aber ich bin mir sicher, dass der innere Dialog für viele eine selbstverständliche Erfahrung ist.

Wenn die Gedanken nonstop plappern

Der innere Dialog kann weit dramatischer sein als nur die Feststellung, dass man jemand anderem nach dem Mund redet. Ist das Gehirn nicht auf Achtsamkeit und Meditation trainiert, finden innere Dialoge meist nonstop statt, ohne dass man sie vollkommen mitbekommt. Hatte man beispielsweise einen Konflikt mit einer anderen Person, spielt man in Gedanken die Situation immer wieder durch. Im inneren Dialog knallt man der anderen Person böse Wörter an den Kopf und vieles mehr. Der innere Dialog kann sich aber auch um Nebensächlichkeiten kümmern. Man kommentiert, wie sich jemand Unbekanntes, den man gerade sieht, verhält. Oder man bewertet kontinuierlich die eigenen Handlungen. Menschen mit einem negativen Selbstbild führen häufig negative innere Dialoge, in denen sie schlecht dastehen. Das prägt wiederum ihre Entscheidungen und Handlungen.

Innere Dialoge verändern

Durch Achtsamkeit und Meditation werden diese inneren Dialoge vermehrt sichtbar. Daraufhin kann man sie verändern und sogar nutzen. Führt man einen negativen inneren Dialog, kann man sich fragen, ob man ihn in der Weise weiterführen möchte oder nicht. Man kann sich auch überlegen, über was man stattdessen nachdenken möchte. Vielleicht ist es sinnvoller, sich gut zuzureden, um die Motivation und das

Durchhaltevermögen für die nächste Aufgabe aufzubringen. Oder man konzentriert sich auf all die positiven Dinge, die einem widerfahren, und man ist dankbar für sie. Man kann selbst die nächsten Stunden oder den nächsten Tag planen. Hauptsache, der innere Dialog dreht sich nicht darum, was man selbst oder andere falsch machen. Stattdessen ist es viel hilfreicher, den inneren Dialog auf Positives zu lenken.

Selbsthypnose

Laut dem bekannten Hypnosetrainer Jan Becker, ist Selbsthypnose der normale Zustand. Nur leider mit den falschen Inhalten. Wir suggerieren uns, dass wir etwas nicht können, und schon geht's schief. Wir sagen uns innerlich, dass uns die Aufgaben über den Kopf wachsen, und schon sind wir gestresst. Wir trauen uns nicht zu, zehn Kilometer zu laufen, und versuchen es erst gar nicht mit nur einem Kilometer. So verharren wir in unserem Leben und sind unzufrieden. Der Grund liegt, so Jan Becker, in unserer miserablen Selbsthypnose.

Das kann man ändern, und zwar mit positiven Suggestionen. Suggestion bedeutet die manipulative Beeinflussung einer Vorstellung oder Empfindung. Aber, wer will das schon? Wer will sich denn manipulieren? So oder so ähnlich ist bestimmt die Reaktion vieler auf die Wörter Suggestion und manipulativ. Wir tun es jedoch die ganze Zeit, nur leider mit hinderlichen Suggestionen. Die Idee, der Mensch wäre ein rational handelndes Lebewesen, welches nach objektiven Kriterien entscheiden könne, stimmt einfach nicht. Wenn Handlungen jedoch durch hinderliche Suggestionen beeinflusst werden, dann kann man sie auch genauso gut herumdrehen und positive Suggestionen nutzen. Émile Coué, der Vater der Selbsthypnose, prägte die Suggestion: »Es geht mir mit jedem Tag in jeder Hinsicht besser und besser.« Laut Jan Becker ist diese Suggestion genial, denn sie bezieht sich in »jeder Hinsicht« auf alle Lebensbereiche. Das bedeutet für jeden natürlich etwas anderes, dadurch wird sie universell anwendbar. Die Formulierung »besser und besser« wird bereits bestätigt, wenn nur eine Nebensächlichkeit besser ist als zuvor. Ebenfalls genial. Die Wörter »jeden Tag« machen die Suggestion dingfest. Denn egal was passiert, nach 24 Stunden bricht ein neuer Tag an, auf den sich die Suggestion wieder bezieht.[42]

Vieles, was ich im vorliegenden Buch beschrieben habe, ist Selbsthypnose, ich habe nur diesen Begriff nicht verwendet. Denn indem wir Gefühle, die zu automatischen Entscheidungen und Handlungen führen, ins Bewusstsein heben und sie daraufhin durch bewusst veränderte Gedanken umprogrammieren, betreiben wir nichts anderes als Selbsthypnose. Wer Probleme hat, Gefühle und Gedanken wahrzunehmen, der sollte sich nicht nur in Meditation und Achtsamkeit üben, der kann gleichzeitig die geniale Suggestion von Émile Coué benutzen: »Es geht mir mit jedem Tag in jeder Hinsicht besser und besser.«

Was Entscheidungen sonst noch beeinflusst

Nicht nur automatische Entscheidungen und Handlungen wirken sich auf das Leben aus, es sind auch Umstände, Normen und Ungewissheit. Im Grunde genommen ist man sich häufig gar nicht bewusst, was für eine Leistung man täglich damit vollbringt, überhaupt passende Entscheidungen zu treffen. Oft lauert die Gefahr von Fehlentscheidungen, die das gesamte weitere Leben prägen können. Auch ist man bei vielen Entscheidungen mit etlichen Normen und Erwartungen konfrontiert. Aber nicht nur das, insbesondere große Entscheidungen sind davon geprägt, dass man nicht alle Konsequenzen überblicken kann. Um Ziele jedoch zu erreichen, muss man sich trotz großer Unbekannten immer wieder aufs Neue entscheiden.

Aus Fehlentscheidungen lernen

Vor Fehlentscheidungen ist man nie gefeit. Sei es, dass automatische Entscheidungen und Handlungen einen ins Desaster führen oder fehlende Informationen oder beides zusammen samt weiterer Umstände. Doch sie sind nun einmal geschehen, und man kann sie nicht rückgängig machen. Nur wie damit umgehen? Fehlentscheidungen lange Zeit, vielleicht sogar ein Leben lang, zu bereuen, führt zu negativen Gefühlen und Stress. Das kann auf Dauer sogar das Immunsystem schwächen.

Bereuen kommt somit nicht infrage. Jedoch muss man auch sein Gefühlsleben davon überzeugen, welches durchaus in Reue verfallen kann. Gegen Reue hilft die Rekonstruktion der Situation. Welche Informationen standen einem zum Zeitpunkt der Entscheidung zur Verfügung? War es nur die eigene Fehlentscheidung oder haben andere Personen oder Umstände ebenfalls dazu beigetragen? Was waren die guten Gründe – die es fast immer gibt –, die einen zu der Entscheidung bewogen haben? Viele vermeintliche Fehlentscheidungen haben auch etwas Gutes an sich: Sie lehren uns etwas über das Leben. Man kann sich daher auch fragen, wie man sich in einer ähnlichen Situation in Zukunft verhalten möchte.

Auf den Punkt gebracht: Genies machen immer weiter

Genies lassen sich durch Fehlschläge nicht vom Weg abbringen. Eventuell verändern sie ihre Ziele, wenn sie sich als unrealistisch erweisen. Dann investieren sie so lange Arbeit und Geld in ihre neuen Ziele, bis sie Realität sind.

Besser falsch als nie

Entscheidungen sind der einzige Weg, um vorwärtszugehen. Einige Menschen haben allerdings Angst vor falschen Entscheidungen und entscheiden sich daher gar nicht. Sie wissen, dass eine falsche Entscheidung zu Spannung und Stress führen würde. Um das zu vermeiden, schieben sie die Entscheidung vor sich her. Ironischerweise entstehen durch das Nicht-Entscheiden ebenfalls Spannung und Stress. Denn die Frage nach der richtigen Entscheidung ist ständig vorhanden. Man denkt zwar nicht in jeder freien Minute darüber nach, aber die Frage nach der Entscheidung schwelt im Untergrund und drückt sich immer wieder ins Bewusstsein. Durch das Nicht-Entscheiden entstehen die gleichen unangenehmen Gefühle, die man ursprünglich vermeiden wollte. Daher gewinnt man nichts, wenn man sich nicht entscheidet.[43] Bevor man sich gar nicht entscheidet, ist es deshalb besser, irgendeine Entscheidung zu treffen, auch wenn sie sich im Nachhinein als falsch herausstellt. Selbst falsche Entscheidungen bringen einen voran, denn man kann aus ihnen lernen.

Gut zu wissen: Unternehmensgründer entscheiden einfach

Erfolgreiche Unternehmensgründer wissen, dass es den perfekten Plan nicht gibt. Sie wissen ebenfalls, Nicht-Entscheiden raubt Energie. Diese Energie nutzen sie lieber, indem sie unterschiedliche Wege ausprobieren.

Entscheidungen gegen die Norm

Ob wir es wahrhaben wollen oder nicht, viele unserer Entscheidungen sind durch Gesellschaft, Familie oder Medien geprägt. Oft ist es hilfreich, sich an gewisse Normen zu halten, gleichzeitig sind unabhängige Entscheidungen wichtig, um den eigenen Weg zu gehen. Es ist eine Gratwanderung, die sich für jeden anders gestaltet. Wenn man sich zu sehr verbiegt, um in die Norm zu passen, ist man meist dauerhaft unzufrieden. Wenn das Handeln hingegen nicht der Norm entspricht, muss man oft emotional stark sein. Denn häufig lösen ungewohnte Entscheidungen und Lebenswege bei anderen Menschen Unverständnis aus. Selbst Freundschaften können zu Bruch gehen oder Diskrepanzen in der Familie entstehen.

Auch in diesem Fall hilft Achtsamkeit. Wenn man sich, seine Wünsche und das, was andere für richtig halten, von außen betrachtet, nimmt die Intensität der Gefühle ab. Nehmen wir als Beispiel einen Studienabbrecher, der daraufhin von seinen ehemaligen Kommilitonen gemieden wird. Im ersten Moment fühlt er sich wahrscheinlich ausgeschlossen, zweifelt vielleicht an der Richtigkeit seiner Entscheidung. Wenn er es dann schafft, sich von »außen« in dieser Situation zu betrachten, nimmt das negative Gefühl ab, schlichtweg dadurch, weil er es beobachtet, anstatt es zu sein.

Ebenfalls hilft es, sich vorzustellen, dass man zwar mit einer Entscheidung gegen die Norm in der Minderheit ist, aber man ist nie allein damit. Dafür gibt es einfach zu viele Menschen auf unserem Planeten, die sich doch irgendwie ähnlich sind. Was zeichnet diese Menschen aus? Man kann sich fragen, ob man ebenfalls diese Qualitäten besitzt. Diese Fragen unterstützen den eigenen Weg zu gehen, egal wie ungewöhnlich er ist.

Schluss und Anfang

Das Buch endet hier. Gleichzeitig beginnt hier der Weg von normal zu genial, indem man umsetzt, was man bislang nur gelesen hat:

- Analysieren
- Visionieren
- Mithilfe von Achtsamkeit und Meditation konsequent handeln.

Genialität hat kein Ende. Man kann ein Leben lang genialer werden und dadurch auch glücklicher. Hierzu kann man das Buch immer wieder aufs Neue als Hilfsmittel benutzen. Ich bin mir sicher, jeder wird ein Leben lang durch seine Analyse auf Dinge stoßen, die sie oder er gerne ändern möchte. Visionen sollten einem ebenfalls niemals ausgehen, egal wie alt man ist. Dann kommt die Umsetzung, die immer auf der Veränderung von Verhaltensweisen beruht. Das ist übrigens einer der größten Garanten für Glück.

Nachwort von Andreas K. Giermaier: Die Schlüssel zur Genialität

Genies scheinen schon genial geboren, man spricht von Wunderkindern, Ausnahmetalenten wie Leonardo da Vinci, Wolfgang Amadé Mozart und heutzutage Elon Musk, Steve Jobs oder Vera F. Birkenbihl (1946–2011). Mit letzterer habe ich unser Online-Magazin »LernenDerZukunft« gegründet und über zehn Jahre persönlich mit ihr zusammenarbeiten können. Aus diesem Grund trifft das Thema dieses wunderbaren Werks von Ulrich G. Strunz genau meine Expertise.

Doch gibt es wirklich nur diese wenigen Auserwählten, die den Zugang zu der goldenen Tür zu einer Welt, die wir *Genialität* nennen, erhalten? Oder könnte es weitere Schlüssel geben oder gar neben dem Haupteingang noch manch Schleichwege, Nebeneingänge …?

Mit diesem Text möchte ich davon überzeugen, dass jeder potenziell dazu prädestiniert ist, zu einem Genie aufzusteigen. Die Macht der geistigen Kräfte des Menschen erweist sich als so immens, dass wir solcherlei Aussagen vor wenigen Jahrzehnten noch als »esoterischen Humbug« abgetan hätten. Doch mittlerweile gibt es Tausende Studien, die just diese Möglichkeiten erforscht haben.

Weil ich es aber stets genau wissen will, habe ich mir fundierte Belege aus gleich vier verschiedenen Wissenschaftsdisziplinen bereitgelegt, damit sich auch das letzte Fünkchen Zweifel in Luft auflöst und jeder die Möglichkeiten erkennt, wie man zur eigentlichen Größe (er) wachsen kann.

Die bisherige Lehrmeinung, dass die Gene die wichtigste Voraussetzung für Genialität wären, scheint viel zu kurz zu greifen, bei tiefergehender Recherche zeigt sich doch einiges mehr an Komplexität.

Treten wir einen Schritt zurück. Intelligenz gilt als wichtigster Marker der Genialität. Doch, was ist denn eigentlich ein intelligenter Mensch? Persönlich gefällt mir der Zugang des US-Forschers Dave Perkins am besten. Er kritisiert den wissenschaftlichen Diskurs rund um den Intelligenzbegriff, bei dem nur auf einerseits Genetik oder andererseits Vorwissen Bezug genommen wird. Meines Erachtens war es sein kluger Schachzug, eine dritte Kategorie mit einzubeziehen, wodurch drei Dimensionen über intelligentes Denken und Handeln bestimmen.

Erstens: Genetik

Die (genetischen) Anlagen Die neuronale Geschwindigkeit ist nach derzeitigem Kenntnisstand nicht aktiv veränderbar. Ob sich jemand neuronal als eher langsam oder schnell erweist, wird vor allem beim Erschließen neuer Lerninhalte deutlich. Auf diesen Faktor haben wir keinen aktiven Einfluss, es sind nun mal die Erbanlagen unserer Eltern. Wenn wir nicht wie Obelix in den Zaubertrank geplumpst sind, können wir nach der Geburt daran nichts mehr großartig verändern, oder doch?

Epigenetik oder: Einfach am Zaubertrank nippen? Vieles von dem, was wir in unseren Erbanlagen mitbekommen haben, muss erst im Nachhinein aktiviert werden. Es scheint wie ein Potenzial zu einer Fähigkeit zu sein, die sich erst entfalten kann, wenn man sie aktiviert. Daher die Metapher des Zaubertranks. Elizabeth Blackburn erhielt für die Forschung dazu 2009 den Nobelpreis für Medizin.

Epigenetik beschreibt jene Einflüsse, die Gene noch nach unserer Geburt verändern, aktivieren bzw. deaktivieren. Die wichtigsten epigenetischen Faktoren scheinen die Lebensumstände zu sein: Mit positiver Einstellung und gesunder Lebensführung durch ausreichend Bewegung an der frischen Luft und einer natürlichen Ernährung verändern sich die Aktivitäten unserer Gene in eine positive Richtung. Aber auch Schlaf, Lebenszufriedenheit und das soziale Umfeld haben einen nicht zu unterschätzenden Einfluss. Insbesondere Meditation wurde bisher dramatisch unterbewertet, auch in neurowissenschaftlichen Studien zeigt sich ihre positive Wirkung im Gehirn.

Zweitens: Vorwissen und der Mythos der 10 000-Stunden-Regel

Der zweite Zugang fokussiert auf das Vorwissen und die Vorerfahrungen (Wissensnetz); es geht um das, was bisher von den Lernern an geistigen Fähigkeiten und Wissen erworben wurde.

Der Psychologe Karl Anders Ericsson fand, dass sich neben dem Vorwissen der Fleiß als der entscheidende Faktor erweist: Herausragende Leistungen sind nicht angeboren. Meisterschaft zeigt sich erst nach langem, bewussten Üben. Ericsson untersuchte Absolventen der Berliner Musikhochschule, die sich wegen ihrer Abschlussnoten für eine internationale Musikkarriere qualifiziert hatten. Diese waren allesamt schon vor dem Studium fleißig gewesen und hatten als Kinder und Jugendliche 7500 Übungsstunden absolviert.

Wer vorher nur etwa 3500 Stunden geübt hatte, den erwartete nach dem Studium ein Weg als Musiklehrer.

Schon 2008 veröffentlichte Malcolm Gladwell in »Überflieger« seine Interpretation von Ericssons Erkenntnissen mit dem Hinweis, dass es nur eine Menge an Fleiß bräuchte (»10 000-Stunden-Regel«), und jeder könnte es schaffen, zum Genie zu werden.

Also 10 000 Stunden üben, und wir werden genial? Umgerechnet wären dies somit 90 Minuten täglich über 20 Jahre hinweg. Allerdings: Der Urheber der von Malcolm Gladwell zitierten Studien, Prof. Ericsson, kritisierte Gladwells (zu) stark vereinfachende Interpretation seiner Studienergebnisse von Anfang an: Es sei schlicht falsch, die gewonnenen Daten so zu interpretieren, wie es Gladwell getan hat: »Diese popularisierte vereinfachende Sicht auf unsere Arbeit, dass jeder mit einer Menge an Übung genial werden würde (Experte oder gar Champion), ist so nicht richtig.«

Darüber hinaus zeigten MacNamara und Kollegen in einer umfangreichen Meta-Studie, dass Übungen (egal wie viele Stunden!) für nur mickrige 12 Prozent der eigentlichen meisterlichen Performance verantwortlich sind!

Ergänzend dazu noch ein wichtiger Gedanke aus der aktuellen Hirnforschung. Neuroplastizität bedeutet, dass wir zeitlebens dazu in der Lage sind, unser Gehirn anzupassen. Als wichtiger Faktor dabei erweisen sich dabei die Spiegelneuronen, die als ein Erklärungsmodell dafür dienen, dass unsere Umstände uns prägen und verändern (was tatsächlich im Gehirn zu sichtbaren Veränderungen führt). Doch geht dieser Effekt noch weiter: Wenn wir anderen bei etwas zusehen, werden bei uns dieselben Gehirnzentren aktiviert, so als würden wir die beobachteten Handlungen selbst ausführen.

Als Österreicher muss ich an dieser Stelle auf den Salzburger Wolfgang Amadé Mozart hinweisen: Dieser hat zwar zweifellos über eine besondere Begabung verfügt, doch ergaben die wissenschaftlichen Untersuchungen zu Genies, dass zu vorhandenem Talent stets ein Faktor immenser Motivation zu intensivem und langwierigem Üben dazukommen muss. Mozarts Vater war sein Förderer gewesen, zudem lebte der Junge von Geburt an in einem Umfeld, in dem der gesamte Alltag von Musik dominiert worden war.

Insofern komme ich nun zum dritten (vielleicht wichtigsten) Punkt: die Komponente der reflexiven Intelligenz.

Drittens: Lernbare Intelligenz?

Diesen Begriff verdanken wir Vera F. Birkenbihl. Im Original hieß es bei Perkins noch *reflexive Intelligenz*. Dieser Begriff gefällt mir, weil er uns die Macht zurückgibt. Wir werden ermächtigt, auf unsere eigene Intelligenz und unser eigenes Genie Einfluss zu nehmen. Denn ja, es gibt die genetische Komponente [Talent] (1) und auch den Fleiß (2), doch die dritte könnte die entscheidende sein, WENN wir uns trauen, NEUE Wege zu gehen.

Dies umfasst die Freiheit über das Lernen und seine Strategien, selbst zu entscheiden. Für die verschiedenen Arten von Wissen und Informationen, Verhaltensweisen und Fertigkeiten mit zum Teil intellektuellen Anforderungen in verschiedener Ausprägung braucht es auch ein jeweils angepasstes Herangehen und dabei eine bewusste Wahl der erforderlichen Strategien. Diese Strategievielfalt muss jedoch dem gehirngerechten Kriterium des minimalen Energieaufwandes entsprechen. Sich einerseits das vorhandene Repertoire stets bewusst zu machen, es aber andererseits auch kontinuierlich zu üben und zu erweitern, ist ein wichtiger Teilaspekt *der Metakognition*. Als metakognitive Strategie wird das bewusste Nachdenken über die Lern- und Denkstrategien bezeichnet.

Als ein weiterer einflussreicher Faktor auf die Intelligenz zeigt sich der in der kognitiven Lernforschung untersuchte *Stereotypen-Effekt*, der zudem neurowissenschaftlich untermauert werden konnte. Dieser besagt, dass personeninterne Vorurteile *(»Ich bin zu dumm dafür«)* sich selbst gegenüber Einfluss auf die eigene Lernleistung haben.

Es wurde eine Vielzahl an Studien durchgeführt, um diesen Effekt zu belegen. Gab man beispielsweise den Versuchspersonen einen Test über mathematische Hochbegabung, schnitten sie signifikant schlechter ab als die Kontrollgruppe, denen gesagt wurde, sie absolvierten nun einen ganz normalen mathematischen Test; auch in diesem Fall wurden jeweils die gleichen Aufgaben gestellt. Während der Experimente wurden zusätzlich Hirnscans gemacht, und es zeigten sich erhöhte neuronale Aktivitäten im Bereich des Frontalhirns, der normalerweise mit bewusster Verarbeitung sozialer Informationen in Verbindung steht. Die Versuchspersonen ließen sich durch ihre eigenen einschränkenden Glaubenssätze über sich selbst ablenken und hatten somit Teile ihrer Ressourcen blockiert.

Fazit: Wer schlecht über sich denkt, antizipiert eigenes Versagen, gerät dadurch in Stress und versagt tatsächlich.

Mindset. Glaube an das eigene Potenzial

Dazu führte Prof. Carol S. Dweck mehrere umfangreiche Studien durch und fand zwei Gruppen mit unterschiedlichen Sichtweisen auf die eigenen Fähigkeiten. Sie unterscheidet diejenigen, die ihre Möglichkeiten zum Lernen als jederzeit erweiterbar betrachten, von denjenigen, die davon ausgehen, sie hätten ein (durch Talente, Gene …) vorgegebenes Niveau an Intelligenz mitbekommen.

Carol Dwecks Studien legen den Schluss nahe, dass die Veränderung am *Mindset* immensen Einfluss auf Lern- und Lebenserfolg haben kann.

Statisches Mindset Diese Persönlichkeitstypen fühlen sich innerhalb ihrer Komfortzone wohl. Wenn es zu herausfordernd wird und sie sich nicht klug oder talentiert genug fühlen, verlieren sie sofort das Interesse. Erfolg wird entweder als ein direktes Resultat aus vorhandenen Fähigkeiten verstanden oder einfach einem glücklichen Zufall zugeschrieben.

Wachstums-Mindset-Lernern geht es nicht um sofortiges Erreichen von Perfektion, sie möchten etwas über einen gewissen Zeitraum hinweg erlernen. Sie stellen sich einer Herausforderung proaktiv und machen kleine, aber kontinuierliche Fortschritte. Dieses Mindset lässt die Lerner sich selbst in ihrer *Selbstwirksamkeit* erleben, und sie genießen es, gefordert zu werden. Dadurch sind Wachstums-Mindset-Persönlichkeiten weit mehr zu Anstrengung und Engagement bereit und erreichen in Folge weit mehr in allen Bereichen des Lebens (Bildung, Beruf, Sozialleben).

Geistesblitze – Genialität aus dem Unbewussten

Am Ende könnte noch ein Blick in die Welt des Unbewussten helfen. »Intuition im Business« war Thema meiner wissenschaftlichen Thesis, und ich fand, dass diese Geistesblitze aus dem Unbewussten tatsächlich sehr oft zu genialen Einfällen verhelfen. Doch meistens braucht es davor die oben erwähnten Faktoren der Übung und des Mindset. Dann noch einen meditativen Moment und …

Viel Erfolg auf dem Weg ins eigene geniale Potenzial wünscht

Andreas K. Giermaier[*]

---

[*] Seit 2000 befasst sich Andreas K. Giermaier wissenschaftlich mit gehirngerechten Strategien für mehr Erfolg beim Lernen, Business und (positiver) Psychologie. Mit seinem gemeinsam mit Vera F. Birkenbihl gegründeten großen Online-Coaching-Magazin »LernenDerZukunft« und seinen Facebookseiten erreicht er über hunderttausend LeserInnen und ist dadurch ein Guide durch den Dschungel des Wissens geworden. Zudem ist er Gast in Kongressen/Podcasts und schreibt Beiträge in mehreren Büchern. In seiner Coachingshow auf YouTube interviewt er zudem regelmäßig die »Großen« der Trainer/Speaker und Coaches. Webseite: https://LernenDerZukunft.com

Quellen

1. Louis MR, Sutton RI. Switching Cognitive Gears: From Habits of Mind to Active Thinking. *Human Relations*. 1991;44(1):55–76.

2. Morsella E, Godwin C, Jantz T, Krieger S, Gazzaley A. Homing in on consciousness in the nervous system: An action-based synthesis. *Behavioral and Brain Sciences*. 2016;39: E168

3. Bargh JA, Morsella E. The Unconscious Mind. *Perspectives on Psychological Science*. 2008;3(1):73–79.

4. Wigley S. Automaticity, Consciousness and Moral Responsibility. *Philosophical Psychology*. 2007;20(2):209–225.

5. Nevid J. The 60-Second Anger Experiment. *Psychology Today*. 2020. Unter https://www.psychologytoday.com/us/blog/the-minute-therapist/202002/the-60-second-anger-experiment Letzter Zugriff am 09.09.2020.

6. Headey B. Life Goals Matter to Happiness: A Revision of Set-Point Theory. *Soc Indic Res*. 2008;86:213–231.

7. Robinson OJ, Vytal K, Cornwell BR, Grillon C. The impact of anxiety upon cognition: perspectives from human threat of shock studies. *Front Hum Neurosci*. 2013;7:203.

8. Ellis J. Here's how they bounced back from rejection. *Business.com*. Unter: https://www.business.com/articles/never-giving-up-9-entrepreneurs-and-millionaires-who-failed-at-least-once/. Letzter Zugriff am 09.09.2020.

9. Scinexx. Leben wir in einem Hologramm? Unter https://www.scinexx.de/news/kosmos/leben-wir-in-einem-hologramm/. Letzter Zugriff am 09.09.2020.

10. Krishnamurti J. How do I deal with my deep-rooted emotion? Unter https://www.youtube.com/watch?v=lPWyGNtKcxE. Letzter Zugriff am 15.09.2020.

11. Anderson E. Want A Better Life? Be An Optimist – With a Twist. *Forbes*. 17.03.2014. Unter https://www.forbes.com/sites/erikaandersen/2014/03/17/want-a-better-life-be-an-optimist-with-a-twist/#5ea993bb477d. Letzter Zugriff am 09.09.2020.

12. Reimers CD, Knapp G, Reimers AK. Does physical activity increase life expectancy? A review of the literature. *J Aging Res*. 2012;2012:243958.

13. Heinrich C, Hürter T, Schramm S, Wüstenhagen C. Die Kunst der Entscheidung. *Zeit*.

11.10.2011. Unter: https://www.zeit.de/zeit-wissen/2011/06/Entscheidungen/. Letzter Zugriff 10.09.2020.

14. Ohne Autor. What is projection? *Psychology today*. Unter https://www.psychologytoday.com/us/basics/projection. Letzter Zugriff 15.09.2020.

15. Pappas S. Narcissists' Overconfidence May Hide Low Self-Esteem. *LiveScience*.20.10.2011. Unter: https://www.livescience.com/16650-narcissists-esteem.html. Letzter Zugriff am 15.09.2020.

16. Moessinger I. *Berlin liegt am Meer*. Berlin: Galiani; 2018; S. 409.

17. Palmer A. The Neuroscience of Visualization. Unter https://www.mindmovies.com/blogroll/the-neuroscience-of-visualization. Letzter Zugriff am 25.09.2020.

18. Feldman Barrett L, Mesquita B, Ochsner KN, Gross JJ. The Experience of Emotion. *Annual Review of Psychology*. 2007;58(1):373–403.

19. Johnson S. Supressing Emotions. *Psychology Today*. 22.04.2010. Unter https://www.psychologytoday.com/us/blog/hold-me-tight/201004/suppressing-emotions. Letzter Zugriff am 25.09.2020.

20. Friese M, Binder J, Luechinger R, Boesiger P, Rasch B. Suppressing emotions impairs subsequent stroop performance and reduces prefrontal brain activation. *PLoS One*. 2013;8(4):e60385.

21. Honkalampi K, Lehto SM, Koivumaa-Honkanen H, Hintikka J, Niskanen L, Valkonen-Korhonen M, Viinamäki H. Alexithymia and tissue inflammation. *Psychother Psychosom*. 2011;80(6):359–364.

22. Neurologen und Psychiater im Netz. Narzisstische Persönlichkeitsstörung: mangelndes Selbstwertgefühl, fehlende Empathie und empfindliche Angst vor Kritik. 20.06.2016. Unter: https://www.neurologen-und-psychiater-im-netz.org/psychiatrie-psychosomatik-psychotherapie/ratgeber-archiv/meldungen/article/narzisstische-persoenlichkeitsstoerung-mangelndes-selbstwertgefuehl-fehlende-empathie-und-empfindl/. Letzter Zugriff am 25.09.2020.

23. Staff PT. Self-Delusion: I Love Me. *Psychology Today*. 09.06.2016. Unter https://www.psychologytoday.com/us/articles/199511/self-delusion-i-love-me. Letzter Zugriff am 25.09.2020.

24. Tang YY, Hölzel BK, Posner MI. The neuroscience of mindfulness meditation. *Nat Rev Neurosci*. 2015;16(4):213–225.

25. Wilsterman JM. Happiness and our Ethical Values. *The Harvard Crimson*. Unter https://www.thecrimson.com/article/2009/6/3/happiness-and-our-ethical-values-are/. Letzter Zugriff am 14.09.2020.

26. Veenstra L, Schneider IK, Koole SL. Embodied mood regulation: the impact of body posture on mood recovery, negative thoughts, and mood-congruent recall. *Cogn Emot*. 2017;31(7):1361–1376.

27. Kabat-Zinn J. An outpatient program in behavioral medicine for chronic pain patients based on the practice of mindfulness meditation: Theoretical considerations and preliminary results. *General Hospital Psychiatry*. 1982;4(1):33–47.

28. Costa A, Barnhofer T. Turning Towards or Turning Away: A Comparison of Mindfulness Meditation and Guided Imagery Relaxation in Patients with Acute Depression. *Behav Cogn Psychother.* 2016;44(4):410–419.

29. Forkmann T, Brakemeier EL, Teismann T, Schramm E, Michalak J. The Effects of Mindfulness-Based Cognitive Therapy and Cognitive Behavioral Analysis System of Psychotherapy added to Treatment as Usual on suicidal ideation in chronic depression: Results of a randomized-clinical trial. *J Affect Disord.* 2016;200:51–57.

30. Zernicke KA, Campbell TS, Speca M, Ruff KM, Tamagawa R, Carlson LE. The eCALM trial: eTherapy for cancer applying mindfulness. Exploratory analyses of the associations between online mindfulness-based cancer recovery participation and changes in mood, stress symptoms, mindfulness, posttraumatic growth, and spirituality. *Mindfulness.* 2016;7:1071–1081.

31. Labelle LE, Campbell TS, Faris P, Carlson LE. Mediators of Mindfulness-Based Stress Reduction (MBSR): assessing the timing and sequence of change in cancer patients. *J Clin Psychol.* 2015;71(1):21–40.

32. Garland EL, Howard MO. Mindfulness-oriented recovery enhancement reduces pain attentional bias in chronic pain patients. *Psychother Psychosom.* 2013;82(5):311–8.

33. van den Hurk DG, Schellekens MP, Molema J, Speckens AE, van der Drift MA. Mindfulness-Based Stress Reduction for lung cancer patients and their partners: Results of a mixed methods pilot study. *Palliat Med.* 2015;29(7):652–60.

34. Li G, Yuan H, Zhang W. The effects of mindfulness-based stress reduction for family caregivers: Systematic review. *Archives of Psychiatric Nursing.* 2016;30:292–299.

35. Donald JN, Atkins PWB. Mindfulness and coping with stress: Do levels of perceived stress matter? *Mindfulness.* 2016;7:1423–1436

36. Donald JN, Atkins PWB, Parker PD, Christie AM, Ryan RM. Daily stress and the benefits of mindfulness: Examining the daily and longitudinal relations between present-moment awareness and stress responses. *Journal of Research in Personality.* 2016;65:30–37.

37. Tenney M. Why Mindfulness Is the Ultimate Habit for Success. *Success.* 04.05.2016. Unter: https://www.success.com/why-mindfulness-is-the-ultimate-habit-for-success/. Letzter Zugriff am 25.09.2020.

38. Beaty TC. 7 Ways Mindfulness Is the Key to Your Success At Work and Life. *Huffpost.* 06.12.2017. Unter: https://www.huffpost.com/entry/7-ways-mindfulness-is-the-key-to-your-success-at-work-and-life_b_9696512. Letzter Zugriff am 25.09.2020.

39. Brazier Y. Mindfulness meditation helps to control emotions, says study. *MedicalNewsToday.* 03.10.2016. Unter: https://www.medicalnewstoday.com/articles/313216#Meditation-appears-to-help-tame-emotions. Letzter Zugriff am 25.09.2020.

40. Bowerman M. Stephen Hawking: Humankind is still greedy, stupid and greatest threat to Earth. *USA Today Tech.* Unter: https://eu.usatoday.com/story/life/nation-now/2016/06/28/stephen-hawking-humankind-still-greedy-stupid-greatest-threat-earth/86459578/. Letzter Zugriff am 25.09.2020.

41. Mussel P, Hewig J. A neural perspective on when and why trait greed comes at the expense of others. *Sci Rep*. 2019;9(1):10985.

42. Becker J. *Du kannst schaffen, was du willst – die Kunst der Selbsthypnose*. München: Piper; 2019. S. 171 f.

43. Keller K. A Bad Decision is Better Than No Decision At All. *Entrepreneur Europe*. 14.04.2014. Unter https://www.entrepreneur.com/article/233003. Letzter Zugriff am 25.09.2020.

Register